TEMPOS DE TRANSFORMAÇÃO

Uma visão panorâmica

TEMPOS DE TRANSFORMAÇÃO

Uma visão panorâmica

Transcrições originais canalizadas por
Julie Soskin

Tradução
PAULO CESAR DE OLIVEIRA

EDITORA PENSAMENTO
São Paulo

Título do original:
Transformation

Copyright © 1995 by Julie Soskin.

Edição	Ano
1-2-3-4-5-6-7-8-9	97-98-99-00

Direitos de tradução para a língua portuguesa
adquiridos com exclusividade pela
EDITORA PENSAMENTO LTDA.
Rua Dr. Mário Vicente, 374 - 04270-000 - São Paulo, SP
Fone: 272-1399
E-MAIL: pensamento@snet.com.br
http://www.pensamento-cultrix.com.br
que se reserva a propriedade literária desta tradução.

Impressão e acabamento: Paulus Gráfica

Sumário

Agradecimentos................................. 7
Prefácio 9
Sobre a Autora 15
Capítulo 1. Os Mestres Cósmicos 17
Capítulo 2. A Separação das Ondas............... 29
Capítulo 3. A Responsabilidade do Conhecimento... 37
Capítulo 4. Ondas de Luz....................... 49
Capítulo 5. Intuição Superior.................... 61
Capítulo 6. Agentes de Transformação 75
Capítulo 7. O Deus Louco é Você................ 85
Capítulo 8. União Espiritual..................... 95
Capítulo 9. A Mente da Alma 107
Capítulo 10. Usem a Magia! 119
Capítulo 11. O Centro do Equilíbrio 131
Capítulo 12. A Visão Panorâmica 139
Capítulo 13. A União entre Espírito e Matéria....... 151

AGRADECIMENTOS

Meu reconhecimento e gratidão à minha querida amiga Gwenie, que se sentou calmamente ao meu lado durante a canalização deste livro; à minha maravilhosa e paciente família; e à vida, por todas as oportunidades que ela me ofereceu.

Observação: As referências a "homem" e "ele", ao longo deste livro, são usadas no sentido coletivo para designar toda a humanidade. Elas não expressam nenhuma preferência e não reconhecem nenhuma superioridade de um sexo sobre o outro.

Prefácio

Foi em 1989, bombardeada por informações a respeito de grandes mudanças mundiais, que a canalização começou. Seis anos se passaram desde então, e aconteceu tanta coisa em todos os níveis, que é quase impossível lembrar-me de tudo.

As pessoas estão expandindo a consciência com extraordinária rapidez. A percepção intuitiva chegou à consciência comum, e boa parte do meu trabalho atual consiste em contribuir para o processo de integração espiritual no domínio da matéria, ajudando a desenvolver áreas intuitivas na mente, de modo que todos, finalmente, possamos ter acesso ao nosso próprio poder.

Uma pergunta que surge com freqüência é: "De quem parte a canalização?" Quando esta canalização começou, a resposta que recebemos foi "uma consonância de forças de luz — o pensamento original". Assim, o que são essas forças de luz e o que ou quem é o pensamento original?

Quando estou canalizando, sinto-me como se estivesse presa num raio de luz, consciente de estar falando, mas raramente lembrando-me das palavras. É por isso que as sessões são gravadas e sempre tenho alguém ao meu lado. A canalização é destituída de personalidade, mas dá a impressão de ser cheia de amor. É a minha mente que está sendo usada, mas parte das informações está além da compreensão da minha inteligência normal. Há uma percepção de não se estar só, mas nenhum sentimento de individualidade. Por isso, tenho refletido sobre qual seria a melhor maneira de responder a essa pergunta.

A resposta mais honesta talvez seja que ela vem do eu superior, pois o que é o eu superior se não a parte boa do homem? Uma resposta irônica ou não tão sincera talvez seria que ela vem de Deus. Infelizmente, haveria algumas pessoas que tomariam essa afirmação ao pé da letra! É grande o número de pessoas que ficariam felizes em abrir mão do seu poder. O que quer que seja essa fonte, porém, ela parece ter acesso a informações que estão fora do alcance das fontes normais. Tudo o que eu posso fazer, portanto, é cumprir o meu papel de médium, da melhor forma possível, e esperar que estas palavras possam oferecer inspiração e consolo.

Muitas pessoas se entusiasmam com o que é dito em virtude do carisma do médium ou do nome da entidade da qual a mensagem provém. Entretanto, a maioria das pessoas não percebe que é muito fácil uma entidade maligna apresentar-se sob o disfarce de uma alma superior. Se as palavras lhe parecerem verdadeiras, ouça-as, mas seja muito sensato; este não é o momento de abrir mão do próprio poder, mas de lançar mão dele. Se tiver alguma dúvida, afaste-se. A verdade é que todos podemos receber forças e informações superiores, se optarmos por ouvir a nós mesmos.

Recentemente, disseram-me que a canalização está mais relacionada com o acesso a tipos superiores de consciências do que com a recepção de palavras. A canalização gera a abertura de "maiores possibilidades", permitindo que a energia flua para uma fonte superior; ademais, o processo de canalização é cada vez menos usado à medida que mais pessoas desenvolvem por si mesmas a capacidade de entrar em contato com essa fonte.

Diferentemente de meus livros anteriores, *Tempos de Transformação* foi canalizado ao longo de um período maior, entre junho de 1993 e julho de 1994. Minha querida amiga Gwenie sentou-se ao meu lado durante todo o processo e, de início, entramos em contato com uma energia grupal, visando principalmente os nossos objetivos próprios. A estes eu, afetuosamente, chamo de "Os Professores". Esse grupo é contatado através dos planos astrais superiores, mas ele mesmo não é uma energia astral. Os planos astrais superiores são usados apenas como uma via para muitos que ainda estão despertando. Trata-se de um agrupamento de seres de luz que se reuniram para atuar em favor do desenvolvimento da humanidade, e que freqüentemente se fazem presentes em sessões individuais, pois, nesses casos, eles podem relacionar-se com uma só pessoa. Esse conjunto de seres, de muitos lugares e épocas diferentes, parece estar em grande atividade, ajudando a expandir a consciência e guiando-nos ao longo da difícil transição. Essas sessões iniciais apresentaram uma energia diferente do restante da canalização, mas foram incluídas no Capítulo 1 porque oferecem algumas informações interessantes sobre o trabalho que esse grupo estava fazendo nessa ocasião. Depois dessas sessões, geralmente permanecíamos com uma sensação de paz e de estar ligadas a algo. Trata-se realmente de "uma paz que vai além de toda a compreensão". Sempre nos sentíamos animadas e estimuladas mental e espiritualmente.

Muitas pessoas, incluindo eu mesma, já passaram pelas aceleradas mudanças de consciência que este livro parece retratar. A mudança de que falo no último capítulo foi, para mim, a que talvez me causou mais surpresa: de forma inteiramente consciente, tornei-me parte do caleidoscópio do cosmos. Vi as incontáveis estrelas e galáxias, círculos e cores, fluindo graciosamente, em movimento constante; elas mudavam de cor e de forma, vezes e vezes seguidas, num processo sem fim. Nosso planeta Terra — um pontinho minúsculo — e a energia negativa que tanto nos preocupa nada representam. O universo todo mudou de cor e de forma milhares e milhares de vezes. Tratava-se de algo tão grandioso que era quase impossível de suportar.

Depois dessa experiência, fiquei com certa sensação de vazio. Não de uma forma pessimista, mas como uma realidade. Isso me fez reavaliar minha vida e meu trabalho. Eu perguntava a mim mesma o que é que eu estava fazendo. O que valeria a pena fazer se tudo vai mudar, dissolver-se e modificar-se, apenas para voltar a formar-se vezes e vezes seguidas, num padrão contínuo e infinito?

A maioria de nós já fez a si mesmo essa pergunta: "Qual é o sentido da vida?" Talvez a vida não tenha nenhum propósito além da existência e da experiência, e o crescimento seja apenas um subproduto disso. O que sei é que a maioria de nós desperdiça tempo com um grande número de coisas irrelevantes — mas mesmo essas coisas têm o seu encanto!

Visto que todos optamos por estar aqui, tudo o que podemos fazer é viver cada dia dentro da verdade, cientes do rico caleidoscópio de cores e sabendo que todos somos parte do cosmos e, em última análise, parte uns dos outros e de todas as coisas.

Para mim mesma e para muitas outras pessoas, que há muitos anos sentimos as energias dos centros inferiores do corpo se dissolverem, foi um tanto surpreendente quando, no outono de 1993, sentimos os centros inferiores se reativarem, com uma força mais nítida, levando-nos estranhamente para um novo equilíbrio entre o corpo superior e o inferior. É como se as velhas energias tivessem "ido para a lavanderia" e tivessem voltado novas e reluzentes. Muitas pessoas se valem agora de uma base de força diferente, mais perceptível, livre do medo e dos padrões antigos. Isso nos fez realmente apreciar o instrumento do corpo, o nosso planeta Terra e o incrível equilíbrio e harmonia de todas as coisas. Quando estamos em harmonia e restabelecemos o equilíbrio, uma sincronicidade perfeita ocorre em todas as coisas, de todas as maneiras, e podemos realmente reconhecer o milagre da vida.

Conforme disse a fonte das mensagens canalizadas: "A época do aprendizado por meio do sofrimento está chegando ao fim; a época do aprendizado por meio da alegria já começou."

Julie Soskin, 1995

Sobre a Autora

Julie Soskin nasceu no subúrbio londrino de Twickenham, em 1952, e tomou consciência pela primeira vez de suas faculdades psíquicas quando tinha quatro anos de idade. No início da casa dos 20, ela começou a desenvolver essas capacidades. Passou 18 meses com um grupo espiritualista e, em seguida, passou mais dois anos estagiando com Elizabeth Farrell, no College of Psychic Studies, em Londres.

Julie cumpria satisfeita seu papel de médium clarividente, até que, em 1989, uma série de mudanças de consciência permitiu-lhe entrar em contato com a fonte de canalização com que ela agora trabalha. Esse contato resultou na publicação de seus três livros anteriores, *Wind of Change, Cosmic Dance e Alignment to Light*.* Todos eles falam sobre esta nossa época de rápidas mudanças.

Julie agora viaja freqüentemente, dando palestras e

---

* Todos publicados pela Editora Pensamento.

ajudando outras pessoas em questões relacionadas com a autoconsciência, o desenvolvimento psíquico e a consciência superior. Na opinião dela, o aspecto mais importante do seu trabalho é ajudar as outras pessoas a entrar em contato com a intuição, elemento essencial nas épocas que estão para vir.

• 1 •

Os Mestres Cósmicos

Vocês têm o direito de usar este tempo em seu próprio benefício, para a própria libertação e comunicação, e em benefício de outras pessoas. Esse elo está firmemente estabelecido a partir daquilo que vocês chamam de domínio da consciência superior.

Há diversos auxiliares ao longo do caminho, em várias freqüências, seres e estados que ajudam, dependendo da energia da pessoa em questão, naquele determinado momento. Não lhes damos um nome porque isso não é relevante, apropriado ou necessário.

Mas vocês precisam saber quem somos. Digamos apenas que somos um grupo de auxiliares, que tem tipos diferentes de energia e entidades operando nesta freqüência. Elas dependem do magnetismo do médium; algumas dessas entidades são aquilo que vocês definem como seres extraterrestres, mas essa informação, em si, pode ser enganadora pois, de qualquer forma, nenhum de nós existe dentro de um corpo físico. Esse grupo de auxiliares está operando, naturalmente, com pessoas de todo o mundo e, embora possamos dizer que estamos com vocês agora, como uma energia grupal, também estamos trabalhando com aqueles que se encontram em outras partes do mundo. Na verdade, em qualquer momento estamos aqui e estamos lá. O médium pode ter acesso à freqüência de energia neste momento, mas as ondas são abertas e qualquer um pode comunicar-se conosco.

Nossa irmandade cósmica está fascinada pelo fato de estarmos fazendo este contato; eles podem ajudar com o seu conhecimento sobre os corpos de luz e são particularmente úteis quando se trata de redefinir a estrutura etérica de vocês.

Nós os saudamos com aquilo que vocês definem como amor. Nós os saudamos com amizade e alegria. Somos, conforme as palavras de vocês, amistosos.

Sempre existiram guias e auxiliares em diferentes planos de existência para mostrar o caminho e proporcionar ajuda, na maioria das vezes, sem que a pessoa em questão tomasse conhecimento disso. Somos gratos por esta comunicação porque agora há a intenção de entrar em contato pelo bem dos outros. Antes de começar, queremos dizer — em atenção à médium — que esta comunicação não está dissociada da canalização da consciência superior, já observada por ela; estamos meramente assumindo uma faceta desse fenômeno, para que possamos falar individualmente, com uma terminologia, digamos assim, mais humana.

O objetivo desta comunicação é fazer com que vocês saibam que há um imenso movimento no trabalho de processamento, e que ele continua no corpo, na mente, no espírito e nas emoções humanas. Há uma grande aceleração, a qual vocês todos já conhecem, porque a freqüência de energia atingiu a manifestação física — o corpo físico. Vocês todos estão observando coisas em si mesmos que, falando eufemisticamente, são incomuns.

Os médicos vão deparar com casos incomuns. Todos aqueles que trabalham com pessoas no nível físico perceberão a mudança, e alguns vão rotulá-la ou dar-lhe um nome. Isso não é relevante porque as mudanças de que estamos falando não são permanentes. Não se trata de mudar de A para B ou de A para Z. Trata-se de um estado fluido de mudanças.

Há agora uma fluidez na estrutura celular. Ela não é fixa ou definitiva; ainda se encontra, em grande parte, nesse estado de transição. Poderão passar-se muitos anos antes que ela se estabilize. Os profissionais que lidam com o sangue, ou que observam as células sangüíneas, irão perceber isso através de seus microscópios e procurarão descobrir se uma nova doença se infiltrou na condição humana. Haverá alguma consternação concernente a isso e, no início, o problema talvez seja ignorado; todavia, será impossível ignorá-lo quando ele estiver diante dos olhos de todos.

Haverá quem receie que isso possa ter sido causado pelas explosões nucleares, mas não se trata disso. Haverá organizações que dirão: "Vejam: isso é o que dissemos que iria acontecer. Foi isso o que lhes dissemos. Esse é o perigo de mexer com essas coisas." Isso nada tem a ver com a questão. Trata-se apenas de uma mudança na existência humana.

Os músculos irão reagir de forma diferente. Não podemos dizer, em virtude de seu estado fluido, onde isso vai terminar e como vai acabar se estabilizando. Uma coisa, porém, é certa, no que tange à expansão evolutiva do próprio homem: essa transformação vai causar uma reformulação nos órgãos reprodutores, bem como em todos os outros órgãos do corpo humano e, embora não possamos antecipar o resultado final dessa mudança, é provável que os sexos da espécie humana sejam muito menos definidos no futuro. Portanto, o homem vai chegar a um estado andrógino ou similar. Uma vez mais, porém, devemos enfatizar que isso é fluido, embora já haja indicações de que esse fato já esteja acontecendo.

O desenvolvimento do novo homem está ocorrendo por meio dos corpos etéricos e, aqui, alguns dos nossos "colegas" nos proporcionam ajuda. Mesmo eles, no entanto, precisam lidar com a fluidez, de modo que a arquitetura dos estados etéricos também não pode ser fixada. Não obstante, ela se move de modo que os anjos etéricos possam constantemente reequilibrar as energias, já que são eles as entidades mais sensíveis a essa fonte. Ao lhes falar de um novo homem (estas frases já foram usadas antes), dizemos que estamos falando literalmente sobre um Novo Homem. O corpo do homem está agora se modificando.

Quando começaram a vir à tona essas informações sobre os novos tempos, era de certa forma mais fácil ter acesso a elas e assimilá-las, porque estavam relacionadas com o aspecto espiritual do homem e, de fato, ainda estão. Mas como tudo afeta todas as outras coisas, o objetivo da nossa comunicação é dar início à tarefa de aliviar os medos de todos vocês que, agora, estão conscientes das mudanças que estão ocorrendo no corpo.

Se tivéssemos falado dessa maneira sobre a transmutação do homem há alguns anos, poderíamos ter causado pânico, e vocês teriam ficado horrorizados. Mas não há o que temer; isso é maravilhoso porque o corpo tem a capacidade de abrigar a essência, a força e a iluminação do espírito. No passado, esse conhecimento só estava disponível a alguns seres altamente místicos. Hoje, ele está ao alcance de todos.

No futuro, o ser humano terá uma aparência indiscutivelmente diferente da atual. Vocês terão dois braços e duas pernas, mas os órgãos, os sentidos, a audição e outras partes já estão se alterando e irão manifestar-se nos novos nascimentos, nos novos bebês e, até mesmo, em vocês, à medida que o maravilhoso e maleável corpo humano for assumindo uma nova forma. O homem é muito adaptável, se lhe for dada oportunidade para tal. Agora, tudo isso está sendo divulgado e a informação que chega até vocês tem o propósito de ajudar o homem a perder totalmente o medo e a ligação que ele tem com a forma e beleza de seu corpo — pois a nova beleza vai aflorar à medida que um novo estado surgir.

É quase impossível para nós descrever-lhes como será isso, não apenas porque vai ser muito diferente, mas porque tudo ainda está tomando forma. Os arquitetos ainda estão planejando e trabalhando. Há certos detalhes que podemos lhes adiantar. Os olhos do homem provavelmente serão mais fundos, e o espaço entre eles será maior. As órbitas serão mais profundas para acomodar a nova luz da Terra. É provável que o olho tenha a sua própria proteção contra a luz do Sol, porque a luz que o homem terá será muito diferente da luz que vocês agora têm. Isso será causado pelas mudanças atmosféricas em todo o planeta. A luz será muito forte comparada à que vocês têm agora, e é bem possível que também haja uma nova fonte de luz, de diferente intensidade. Isso é algo que podemos prever com alguma exatidão. Há outras coisas que não podem ser previstas.

O modo como o próprio homem reagir a essas mudanças definirá a forma que o corpo irá tomar. Se ele realmente aceitar aquilo que vocês definem como o estado da quinta dimensão, ele não terá de trabalhar. Não precisará, por exemplo, usar os dedos da mão do modo como tem feito. Conseqüentemente, os seus dedos vão mudar de forma, mas isso depende das reações do homem. Vocês têm dedos porque precisam deles para o trabalho que fazem. Mas se não houver esse trabalho, os dedos vão se atrofiar. Não estamos dizendo que os dedos vão deixar de existir, mas eles podem tornar-se muito mais fracos, mais moles e, com o tempo, acabar desaparecendo. Mas tudo isso não é relevante para o modo como vocês vão reagir às mudanças.

Se pudéssemos colocar um espelho diante de vocês e mostrar-lhes em que vão se transformar, isso não teria outra finalidade além de satisfazer a curiosidade de vocês. Falamos disso agora para que vocês possam compreender que a alteração do corpo físico é bastante natural para esta fase de mudança de energia.

Não existe aquilo que se chama de "velhice". A velhice não vai se manifestar do modo como acontece atualmente porque a estrutura celular do corpo terá a capacidade de perpetuar-se por um tempo quase indefinido. E a intemporalidade em que vocês irão viver será mais uma confirmação de que a "velhice" não vai existir. Haverá, obviamente, nascimentos, mas em número muito menor.

Viemos para ajudá-los e viemos com grande espírito de cooperação porque, à medida que vocês mudam, nós também mudamos. Quando vocês olharem para nós, se puderem fazer isso, estarão olhando para o futuro de vocês, pois a identificação da estrutura física que temos, quando estamos no corpo, é muito semelhante à estrutura física que vocês terão no futuro, tal como esperamos que ela seja. Conforme já dissemos, porém, esse é um estado que envolve um fluxo, e nada está confirmado.

A consciência de vocês, agora, está alcançando o cosmos. Dizemos isso com muita alegria. A consciência do homem está apta a abrir as faixas de onda de comunicação com seus irmãos do cosmos e, por isso, há muita comunicação. Estamos aprendendo a terminologia de vocês, conforme comunicaremos posteriormente, e há seres que estão se comunicando constantemente com nossa freqüência, a qual vocês definem como extraterrestre. Não compreendemos realmente o medo que vocês sentem, mas o reconhecemos, o que é parte do nosso processo de libertação. Não compreendemos o medo nem a emoção humanos, mas podemos nos mostrar sensíveis a isso porque reconhecemos que vocês estão alarmados. Estamos gratos pela comunicação e pelas diferentes maneiras pelas quais vocês procuram chegar até nós, de maneira que, quando possível, damos um retorno. Não podemos nos definir como seres de um planeta, de um lugar ou de uma estrela mas, obviamente, temos uma morada. Nossa morada é muito mais flexível do que a de vocês. Podemos nos deslocar à vontade — e fazemos isso — mas, no passado, nos locomovíamos em determinada galáxia ou sistema estelar. Essa é uma descrição inadequada, mas, por enquanto, deve bastar.

Chegamos e partimos quando queremos e nada nos prende aqui, mas temos deleitosa curiosidade por vocês e pelo desenvolvimento humano, e acreditamos poder ajudá-los nisso.

Todo ser do universo pode aprender com qualquer

outro ser, mesmo que este esteja muito atrás em termos de sua própria história ou evolução; ele pode olhar para trás e aprender com civilizações e seres mais antigos. Ao nos comunicar com vocês, abriu-se para nós um diferente domínio do universo — um domínio mais físico que espelha outros mundos e outros lugares.

Queremos dançar com vocês e estamos aprendendo a respeito de suas diversões e de seus prazeres, e isso nos agrada. Conquanto essas coisas não sejam semelhantes ao nosso estado de alegria, mesmo assim dançamos com vocês. A comunicação através daquilo que vocês chamam de médium ou canalizador de fato afeta a vibração dessa pessoa e, portanto, não se trata de algo que possamos fazer com qualquer um. Não obstante, todos podem entrar em contato conosco, se sintonizarem de maneira apropriada a sua faixa de freqüência de energia. Isso não é essencial para o desenvolvimento de vocês, pois vocês vão evoluir com ou sem a nossa contribuição; todavia, a existência desse contato é agradável para ambas as partes e chegará um tempo em que o fato de vocês nos conhecerem os ajudará a enfrentar o terror que haverá neste planeta. Compreender vocês, como estamos fazendo agora, poderá ser útil nessa época de transformações e medo, da mesma forma como vocês poderão ajudar outros quando surgir a ocasião apropriada.

A comunicação a que vocês agora têm acesso vai atrair e magnetizar a consciência de muitas almas que estão carentes de energia. Desse modo, quando elas deixarem o seu plano de existência física, poderão efetuar essa transição com muito menos pavor e medo do que seria de se esperar. Esse é o objetivo da nossa comunicação, mas, como dizemos, a evolução de vocês vai continuar com ou sem a nossa ajuda. Contudo, estamos felizes por poder ajudá-los. Poderemos arrebanhar aquelas almas e seres que têm de passar muito rapidamente para novos estados. Se eles não reconhecerem isso, o medo que irão sentir será muito forte. Poderemos reunir essas pessoas para ajudá-las a passar a outros lugares do universo, se necessário, e outros estados de existência. Estaremos prontos para cumprir essa tarefa quando chegar a hora.

A época de vocês nos fascina. Ela tem os seus altos e baixos, seus pontos positivos e negativos. Ela nos interessa porque não trabalhamos no tempo. É admirável, portanto, que possamos nos comunicar e compreendê-los, e que vocês possam nos compreender. Uma união de forças de luz! Estamos felizes com as reações e as comunicações humanas. Depois deste começo, continuaremos com vocês, pessoalmente, e com outros. Mas precisamos enfatizar que a comunicação não é necessária para o processo de libertação deste planeta, de modo que vocês não devem se deixar fascinar por nós nem passar a nos adorar. Isso seria irrelevante e poderia ser contraproducente para a comunicação já estabelecida.

Nós os deixaremos agora, mas vocês não devem pensar que as comunicações recebidas são inferiores ou superiores. Elas fazem parte do diamante e estão disponíveis a todos. O ousado caminho espiritual está diante de vocês. O espírito que existe dentro de todos vocês é muito forte e está ficando mais forte, e a vontade de transcender o seu círculo kármico é de fato muito poderosa. A vontade pode aliar-se às forças espirituais da luz, permitindo-lhes fazer justamente isso, com o propósito de transcender, de crescer e, finalmente, de serem libertados desse turbilhão de experiências de sofrimento, passando para um estado de maior amor e compaixão, e para uma vontade muito mais distante — a harmonia com o Espírito e com Deus!

• 2 •

A Separação das Ondas

Somos todos Filhos de nossos Pais, que, por sua vez, são todos Filhos de seus Pais, e assim por diante. Uma jornada e um tempo de vida cada vez maiores. Não há início nem fim. Trata-se de uma jornada, de uma experiência, de um crescimento.

Existem agora muitos observadores ao redor de vocês, observando o planeta à medida que ele se move para um outro espaço e dimensão. Isso é uma realidade, embora a evidência factual chegará sutilmente, de uma forma cada vez mais acelerada.

Existem homens de ciência que agora estão ficando entusiasmados com as novas descobertas, mas outros não as enxergam e acham que as observações dos cientistas são um disparate. Há uma nítida diferença entre os que podem ver e os que são cegos. Há uma expansão, por um lado, e uma submissão, por outro. Agora é o momento da expansão e da energia expandida em todos os níveis. Não ocultem de nenhuma maneira o poder da iluminação — o poder que há nessa mudança. Quando chegar o amanhecer de um novo dia, vocês vão enxergar o Sol. Portanto, sigam a visão de um novo amanhecer — um novo dia, uma nova luz, um novo caminho à sua frente. Isso vale para todos vocês que, em sua jornada, agora estão passando por uma fase de transição.

Num certo sentido, tudo está acontecendo em todas as épocas, o tempo todo, a cada momento. Num momento cósmico, tudo está ocorrendo, e a permutação de cada nota de cada escala está ocorrendo a todo momento, neste momento, nesta respiração, neste pensamento. Trata-se de um caleidoscópio do ser, um caleidoscópio de experiência. É atemporal. Para que tenhamos a existência do plano material, o tempo é o elemento mais importante, a maior dimensão, pois, sem ele, vocês não poderiam sentir a sua própria força cósmica. Portanto, sem o tempo, e sem a experiência e o reconhecimento do tempo, nenhuma das experiências humanas teria sido vivida.

O que nenhum de vocês percebe é que, no momento de abrir mão de toda a presença físico-material, tudo é tão fácil quanto tirar um casaco que cai no chão. Vocês, então, são absorvidos pela grande força de luz. De certa maneira, ambos os aspectos dessa mudança estão passando por uma experiência semelhante. Aqueles cuja freqüência magnética permite que iniciem a jornada para uma nova dimensão vão retirar a máscara da materialidade — a máscara do tempo — e estarão em uma época com um Pai, uma luz; a personalidade e individualidade deles vão reduzir-se acentuadamente, mas eles continuarão a manter a consciência individual. Aqueles cuja jornada se dá em torno da roda kármica também vão abrir mão da própria individualidade, e serão levados para um campo de energia — uma alma coletiva —, perdendo sua identidade, seu ego, sua personalidade e sua individualidade; depois, essa multidão será levada para um novo lugar, para uma nova época, uma nova experiência kármica, e a individualidade terá sido perdida.

Vocês sabem que isso já aconteceu antes. A maioria de vocês que vieram para este planeta como um compromisso consciente, para experienciar o mundo kármico, veio de uma multidão e de uma força vital semelhantes, para tornar-se individualizados neste plano kármico. Assim, para vocês, a ironia é que tanto os que seguirem em frente como os que permanecerem onde estão serão liberados e irão renunciar à individualização, a qual se assemelha a uma força magnética que atrai os dois caminhos para uma enorme bola de luz. A diferença com relação aos que prosseguirem é que eles vão manter sua consciência individual e, assim, terão acesso às experiências que viveram. Os que voltarem a girar em torno da roda não irão se lembrar do estado individualizado. É assim que será, e só podemos enfatizar que o momento da mudança e da separação vai chegar, não para que vocês se transformem no que se chama de "uma pessoa boa", mas por causa da freqüência energética da força da alma individual, atraída magneticamente para um ou outro caminho — trata-se de uma nítida divisão: as ondas irão se dividir.

Essas miríades de mudanças estão acontecendo e aquilo que vocês vêem não é nada comparado à imensa diversidade de todo o universo. Todavia, vocês poderiam trazer toda essa diversidade para uma gota de orvalho — em determinado momento e lugar. Esse é o enigma.

Existe aprendizado, existe alegria e experiência, mas uma mudança muito sutil está ocorrendo em toda a consciência — ela nunca voltará a ser exatamente a mesma. Mesmo os que optaram por dar mais uma volta na roda não terão mais o mesmo mundo para nele representar o seu papel. Muito embora tenhamos falado de um momento, de um lugar, de uma gota de orvalho, nada voltará a ser igual. Nada. O tempo é o grande divisor. O tempo é a quarta dimensão. O tempo é a ponte que une as duas forças, e sem essa ponte nada há em termos materiais. O Velho Pai Tempo existe, não como um indivíduo, mas como um grupo.

Há muitos grupos de guardiães — há guardiães de todos os estados energéticos: são eles os guardiães das árvores, das plantas e dos elementos. Existem as forças angelicais que velam por vocês, e existem os guardiães do tempo. São eles os Senhores do Tempo. Eles vigiam a ponte e a mantém em bom estado, de maneira que as forças positivas e negativas que operam em todo o universo possam pôr um fim ao padrão caleidoscópico. É correto dizer que eles nunca se encontram e, no entanto, em qualquer ocasião vocês podem enxergar ambos os lados da ponte, ambos os lados do rio. Podem ver se fizerem a opção de observar, e agora existem muitos observadores que podem saltar por sobre a ponte do tempo.

Para vocês, a nova dimensão é uma escala de tempo diferente, uma nova experiência. Uma vez cruzada a ponte do tempo, não há mais volta. Vocês não podem voltar porque adquiriram uma força energética à qual não podem renunciar nem desejariam fazê-lo. E a grande jornada da vida, do outro lado da ponte, é tão real e inspiradora quanto tem sido nos planos materiais.

Ao prosseguir nesse caminho, vocês acabarão perdendo o corpo físico. Essa ponte do tempo apresenta, como a Terra, um aspecto positivo e outro negativo. Ela os mantém fundidos um no outro — uma força igual e oposta. Esses pontos se repelem mutuamente e, sem a ponte, um ou outro desaparece, dependendo do lugar que vocês estiverem trilhando. Quando vocês continuarem a jornada para o outro lado da ponte — porque a própria ponte está se reduzindo — chegará um momento em que a ligação com o plano material desaparecerá e, de fato, como a ponte desaparece e se dissolve para aqueles que se acham no lado positivo, o lado inferior também vai perder suas experiências; é por isso que dizemos a vocês, em ambos os casos, que toda energia individual será atraída para um desaguadouro comum

— um desaguadouro de luz. Como um rodamoinho, como um grande tornado, ele irá se fundir, e cada pequena gota vai mover-se novamente para fora. Trata-se, em certo sentido, de uma miniatura dando início a uma nova eternidade.

Essa é a confluência das freqüências positivas e negativas. Agora, o desafio de vocês consiste em dirigir-se para o campo negativo — o campo não-material — mantendo, de alguma maneira e por algum tempo os corpos de vocês. Mas vocês serão um fluido e poderão ocupar qualquer corpo, qualquer recipiente que escolherem. Vocês serão como um caranguejo-eremita, ocupando uma carapaça quando estiverem prontos para a jornada. Esse é o estado fluido em que vocês irão se encontrar. A ponte será então dissolvida e, com ela, desaparecerá o tempo. E também as forças trevosas que mantiveram o positivo e o negativo unidos. Durante a jornada kármica, vocês necessitaram das forças interiores positivas e negativas, iguais e opostas. Os que não transpuseram a ponte serão arrebatados para uma nova criação, para uma nova formação planetária; uma nova ponte irá mantê-los no lugar, mas não será a mesma.

Nenhuma energia pode ser destruída — nunca. Mas ela pode ser transmutada de modo a ficar irreconhecível. Essa transmutação é ampla e, agora, guardiães de diferentes energias estão muito próximos uns dos outros. Muitos de vocês já entraram em contato com um ou outro desses inúmeros guardiães. Alguns estão aqui para ajudar e outros só para observar. Em nenhuma outra época — e é possível que isso jamais venha a se repetir — tantas forças vitais diferentes estarão tão próximas, pairando em torno da ponte. Esse é um ponto de encontro de energias. Vocês não sabem disso? Não sentem isso?

Encerramos agora nossas tentativas de inspirar as pessoas a fazer a jornada, pois o tempo está chegando ao fim e, embora as experiências continuem, as oportunidades para os que desejam enfrentar o desafio e atravessar a ponte estão se acabando. Isso é dito sem nenhum pesar, pois a energia apenas prossegue o seu caminho. Cada quantidade mínima de freqüência energética, independentemente do recipiente em que esteja, da forma ou do padrão que tenha criado para si, faz parte de todas as coisas e, em seus termos, é amada de forma impessoal, tida em alta estima, e sempre será assim. Portanto, dissemos essas coisas sem tristeza, simplesmente como uma explicação factual do que está ocorrendo. Vocês sabem disso, mas muitos outros nada sabem.

O desafio que temos diante de nós será um desafio diferente. Haverá um tempo intermédio para vocês no plano material; haverá uma época em que vocês acharão que estão fazendo quase nada. Isso acontece porque, mesmo quando a grande separação estiver ocorrendo, haverá um momento para — segundo as palavras de vocês — uma adaptação ao que é novo e muito diferente. As pessoas simplesmente não vão poder continuar agindo à maneira antiga.

O homem na montanha está sempre lá, observando vocês do alto das rochas, e todos os inúmeros observadores estão lá, velando e orientando; e vocês, por sua vez, serão observadores, guias, serão rochas de energia.

Alguns de vocês pensam que o Velho Pai Tempo existirá para sempre, mas neste plano de existência isso não é verdade. Ele está saindo de cena, está mudando e se transformando em uma força além da nossa compreensão. Quando falamos em bolas de energia, isso obviamente é apenas uma analogia. É a melhor maneira de descrever a separação. É verdade, caros amigos da luz, que na coordenação geral das coisas não existe nenhuma separação. Mas a experiência é individual e única. Vocês todos têm de fazer escolhas para poder passar para uma experiência diferente, uma época diferente.

O corpo de vocês fez a transmutação de que falamos. Vocês não serão mais de grande ajuda dessa forma. Durante todo o tempo, enquanto estiverem numa encarnação física, vocês serão solicitados a tranqüilizar, a silenciar, a levar um pouco de paz àqueles que dela necessitem; em termos de movimento e mudança, porém, o trabalho está quase chegando ao fim.

Tudo está perfeitamente bem para vocês. Tudo lhes será revelado e vocês terão a consciência por meio da qual vão poder adquirir esse conhecimento.

• 3 •

A Responsabilidade do Conhecimento

Falamos sobre um ponto de triagem em que todas as almas serão reunidas e enviadas para o lugar, o espaço, o tempo e o ser onde precisam residir. Mas neste momento, para vocês, os ventos estão soprando e espalhando as energias aqui e ali, de modo que as freqüências de energia estão sendo captadas ou atraídas para lugares onde elas normalmente não penetram. Isso está causando uma grande confusão num nível mental.

Falamos muito sobre estruturas que entram em colapso, mas nesse fluxo de energia não há estrutura nenhuma e ninguém pode realmente fixar-se numa ou noutra freqüência de energia. À proporção que o vento sopra, mesmo os que são peritos no uso de determinadas forças não poderão mais usá-las com a mesma eficácia. Tentamos nos valer de analogias que vocês possam entender. Se o vento está soprando, ele agita todas as folhas, e as freqüências de energia que estão ligadas ao plano de vocês, através das camadas, estão sendo sopradas como folhas ao vento e levadas para longe. Assim, idéias formuladas no nível da mente simplesmente não são eficazes. Essa é uma das principais razões pelas quais o trabalho feito com a mente é ineficaz. Ele se mostrou eficaz no passado, mas, por causa das mudanças, não pode ser usado agora e nunca mais poderá ser empregado do modo como costumava ser nas estruturas construídas no passado.

Voltamos a chamar a atenção de vocês para a realidade dessa época de depuração, na qual não será possível operar apenas de uma maneira. A estabilidade será impossível, e os que tentarem alcançá-la ficarão confusos.

Precisamos agora falar um pouco sobre as questões políticas deste mundo. Nesta época, vocês estão testemunhando grandes abalos. As pessoas envolvidas em lutas pelo poder, os líderes, e até mesmo os que têm fortes convicções democráticas terão de mudar ligeiramente seus pontos de vista, pois também nesse campo não pode haver estagnação. Não será possível para uma pessoa, para um partido ou para um governo, dirigir e liderar seu país por meio de determinadas ideologias. Os que tentarem apegar-se rigidamente a seus ideais não conseguirão liderar com eficácia porque também nessa questão há uma grande fluidez. Portanto, vocês verão muitos líderes chegar e partir. Não haverá o líder certo para a época, porque cada dia será diferente e, em alguns casos, a depuração vai requerer que, por um curto período, haja um governo não-democrático, para permitir a atração das forças negativas a serem depuradas. Isso tudo faz parte do processo.

A época de depuração está atraindo para baixo as energias cósmicas através de muitas camadas, e elas agora são eficazes na presença física. Isso significa que a guerra travada nos planos superiores tem de se manifestar fisicamente para ser depurada. Esse fenômeno sempre ocorreu, mas agora vocês estão testemunhando as coisas de forma mais intensa, e dizemos a vocês, com delicadeza e transparência, que algumas guerras têm de ser travadas para acabar com a escuridão e com os medos, e para permitir que a presença dos seres angélicos e da espiritualidade superior drenem aquelas forças negativas que agora se manifestam no nível físico, pois a luta nos planos superiores tem de se refletir no plano físico. Não é possível lidar com isso apenas nos planos superiores. Isso de fato faz parte do processo, e aqueles países que têm forças kármicas negativas são, obviamente, aqueles em que esse estado de guerra depuradora será mais evidente.

Assim, o que é que vocês podem fazer para aliviar o sofrimento? Vocês podem fazer muito trabalhando a positividade. Dizemos isso com tanta freqüência e, no entanto, pouco somos ouvidos. Como é fácil sucumbir à negatividade mesquinha! Como é fácil vocês se deixarem enredar pelos medos dos outros! Procurem ficar em um estado de reconhecimento espiritual com relação a tudo que vocês fazem. Se conseguirem fazer isso, vocês entrarão em ressonância com o mundo inteiro, com a lucidez do nível da consciência superior que se irradia em torno deste planeta, atraindo energias semelhantes e criando uma proteção para que, quando as forças negativas se elevarem do plano físico, elas possam finalmente ser transformadas em luz. Elas não poderiam ser transmutadas se isso não ocorresse no plano físico, de modo que a atitude idealista que vocês assumem — segundo a qual todas as guerras deveriam ter fim por todos os meios possíveis — é neste momento incorreta. Embora seja doloroso observar, vocês terão de aceitar o fato de que a maior parte dos distúrbios que ocorrem fazem parte da depuração final. E se vocês aumentarem a negatividade exigindo o seu fim, estarão reforçando a negatividade. Se vocês pararem de lhe dar energia, se se mantiverem livres dela concentrando-se no trabalho, vocês poderão ajudar, trazer luz, ministrar uma cura verdadeira e, então, transformar em bem a energia do mal.

O idealismo é agora o pior inimigo de vocês — abandonem-no e trabalhem com a luz em cada momento de cada dia. Sem idealismos, sem belos pensamentos, os outros irão criticá-los; eles acharão que vocês se afastaram dos seus próprios princípios e, de fato, vocês fizeram isso, porque esses princípios nasceram de estruturas, e essas estruturas são insatisfatórias para as necessidades de hoje. De qualquer maneira, elas simplesmente não vão funcionar! Sim, vocês querem curar o planeta. Sim, vocês querem fazer coisas boas, querem fazer cessar o sofrimento, e se o sofrimento penetrar neste mundo, vocês terão o dever de ajudar a enfrentá-lo. Mas se isso não acontecer, prossigam com a vida de vocês à medida que ela flui, porque esse é o verdadeiro poder e a verdadeira cura, e essa atitude, mais do que qualquer contribuição idealista, é útil para os benevolentes seres de luz.

Atualmente há miríades de seres trabalhando, muito perto de vocês. Usamos os termos de vocês quando dizemos que o bom, o mau e o feio estão aí! Mas os benignos seres de luz jamais tiveram tanta atividade nos planos em que vocês vivem; de fato, alguns deles nunca entraram neste plano no passado, mas os ventos de que falamos antes estão trazendo muitas folhas e juntando muitos seres. Essa é a verdadeira reunião, a verdadeira unidade. O bom, o mau e o feio misturam-se, fundem-se, dissolvendo a partir de cima os poderes negativos. Garantimos a todos vocês que trabalham constantemente com a luz e, até mesmo, com o processo de canalização, que o estabelecimento de contato com o ponto mais elevado permite que as forças energéticas cheguem mais perto. É bem possível que esse seja o benefício da atividade da canalização, o qual vai muito além das palavras pronunciadas. Entreguem o coração aos seres radiantes; eles estão ao redor de vocês e têm grande disposição para ajudar.

Vocês sentem que as camadas estão muito próximas. É verdade que os planos astrais acabarão se depurando; mas, neste ínterim, é preciso que haja quem detenha as energias. Os que fazem isso são os verdadeiros mestres. Eles detêm as forças para que o portão esteja aberto para a depuração das forças das trevas, e, em determinado ponto — o ponto de divergência — o portão será firmemente fechado pelos mestres apropriados. Mas as energias turbilhonantes do pensamento/desejo e do desejo/pensamento estão muito próximas. Alguns de vocês já notaram com que rapidez os pensamentos se manifestam no plano físico; isso é uma evidência daquilo que dissemos, pois a grande força está aí. Vocês não precisam preocupar-se muito com isso porque há detentores dessa força que sabem exatamente o que é correto e, no momento apropriado, vão fechar completamente o portão. Todavia, ao longo de milhares de anos do mundo kármico, muitas nuvens escuras se acumularam. Muitas energias se formaram. Essas energias foram criadas pelo pensamento/desejo de algum indivíduo ou, então, o desejo/pensamento criou entidades no plano astral de existência, as quais se sobrepõem agora. Não é correto dizer que se trata desse ou daquele nível; eles se sobrepõem e incluem o estado da quarta dimensão. Portanto, essas energias sem função, que existem por aí, são de todas as épocas e necessitam de um escoadouro para ser liberadas.

Muito trabalho está sendo feito em todos os planos da existência pelos seres que podem lidar com isso, mas, quando esse fenômeno ocorrer dentro do raio de ação dos seres humanos, vocês devem ser muito firmes com os que estiverem atormentados. Vocês devem insistir para que eles deixem as forças negativas para trás porque, neste plano da existência, só a própria pessoa pode libertar-se das influências negativas. Há muitas maneiras de fazer isso, mas a melhor e mais fácil talvez seja permitir o acesso através da nossa própria passagem de luz — a força anímica espiritual que existe no fundo de cada um de vocês. Uma vez ligados a isso, vocês não terão mais problemas com este plano da existência. Todavia, as lembranças que restam nesse raio terão de ser abandonadas. Vejamos um exemplo que ilustra o que estamos dizendo: se uma pessoa cuja energia está em equilíbrio, e que é capaz de reconhecer todos os inúmeros tipos de negatividade, enviar um anjo ou uma força vital positiva ao encontro dela, isso não apenas neutralizará um pensamento negativo como também dissolverá toda uma nuvem de pensamentos. Conquanto haja muito mais para ser dissolvido, um pensamento positivo dissolve e transmuta muitas outras formas de negatividade, pois o poder do verdadeiro equilíbrio energético é muito superior ao das forças das trevas.

Nos tempos antigos — milhares de anos atrás, nos Grandes Templos —, quando se formaram as religiões, sabia-se que esse nível de verdadeiro equilíbrio precisava ser usado para maior benefício do homem, muito embora houvesse perigos. Ele estava ligado ao campo kármico. Liga-se à necessidade bastante real de vontade individual e, assim, certas formulações eram dadas por meio de procedimentos de caráter ritualístico, que inspiraram os dicionários de símbolos e os processos de pensamento que se seguiram. Todas as religiões fizeram uso disso, em maior ou menor grau, por meio dos padrões de pensamento.

Foram concedidos ao homem símbolos para ajudá-lo a ligar-se às forças mágicas nesse nível, os quais o ajudariam a obter os suprimentos das camadas inferiores; no âmbito da polaridade entre o bem e o mal, porém, talvez não se tenha reconhecido a possibilidade de surgirem verdadeiras dificuldades. Também não se percebeu que, nesse nível, as energias podem perpetuar-se, criando entidades reais com força própria. É necessário usar toda a medida do tempo para se poder chegar ao ponto em que a polaridade negativa pode, deve e será depurada.

Todas as pessoas que fizeram uso dessas forças — conscientemente e, às vezes, inconscientemente — usaram seu elo inicial com as divindades místicas dos velhos tempos. Vocês sempre falam de anjos de uma forma benevolente, e é verdade que as presenças angélicas de luz são benevolentes, mas também houve anjos das trevas. A evolução dos anjos tem o propósito de ajudar, mas os próprios anjos decidiram, há muito tempo, que nunca iriam assumir a forma de manifestação humana. Eles tomaram essa decisão por medo e, desde então, eles próprios vêm trabalhando o seu próprio medo kármico. É essencial para a existência humana que os anjos estejam presentes aí.

Agora vocês, os Filhos da Luz, podem ser livres e os anjos irão ajudar. Isso porque algumas das presenças angélicas fizeram uma nova opção para se manifestarem no campo humano. Essa foi para eles uma decisão muito difícil, mas ela permitiria, antes de mais nada, a comunhão entre as duas forças da cadeia humana e da cadeia dévica, de modo que os anjos pudessem livrar-se de seus medos originais. Há muitas coisas que estão ocorrendo no céu e na Terra a cujo respeito vocês não têm nenhum conhecimento. E, de fato, não há nenhuma razão pela qual vocês devessem ter esse conhecimento, mas precisamos relatar-lhes esse caso em especial. Todos os seres, mesmo os anjos das trevas, desempenharam seu papel em todo o processo de iluminação e, de fato, sem a polaridade, não se teriam formado completamente o reconhecimento e a percepção e, assim, o movimento rumo ao estado da quinta dimensão não ocorreria. Portanto, não tenham raiva dos anjos decaídos, porque eles também cumpriram a sua missão.

Quando falamos em dissolução de energia no nível astral, estamos na verdade falando em dissolver toda a energia desse nível, pois é preciso depurar todos os planos da existência situados até a quarta dimensão, inclusive. Assim, com esse conhecimento torna-se evidente o motivo pelo qual as pessoas estão trabalhando nesse campo específico. Frisamos que toda depuração relacionada com o homem precisa ser feita pelo próprio indivíduo e para o indivíduo, e que cada um vai encontrar a melhor maneira de lidar com isso.

Algumas dessas coisas estão em curso para iluminar o homem no que tange às suas dificuldades na área do desejo/pensamento e pensamento/desejo. Existem mestres que retiveram a energia. A dificuldade, agora, quando o homem precisa tornar-se o seu próprio mestre, é que os mestres que reuniram todo o conhecimento antigo nem sempre estão dispostos a partilhar esse conhecimento com os que não trilharam seus próprios caminhos. É correto que deva haver reservas, mas os mestres precisam partilhar seu conhecimento. Assim, algumas pessoas sensitivas, captando parte dessas informações, tornam-se completas em si mesmas e começam a querer partilhar seu conhecimento com as massas, e, de fato, fazem isso sem perceber os perigos dos quais os mestres originais têm consciência e que, na verdade, eram a razão pela qual não se partilhava esse conhecimento.

Apesar do perigo, e muito melhor — na verdade, é mais importante — passar o conhecimento para os leigos e, até mesmo, para os que irão usar as energias incorretamente, do que guardá-lo para si. Há um ponto no processo de conhecimento espiritual em que o homem, tal como agora, consegue amadurecer e precisa arcar com a responsabilidade de fazer a escolha por si próprio; é isso o que está acontecendo. São enviados sinais de advertência para aqueles dentre vocês que reconhecem o perigo, mas vocês terão de aceitar, tal como aceitam que as guerras às vezes precisam ser travadas, que os outros têm de descobrir sua fonte de energia negativa à sua própria maneira. Se eles vierem até vocês pedindo conselhos, dêem a eles aquilo que vieram buscar. Se não, deixem que "brinquem com o fogo". Com as forças das trevas, eles acabarão se queimando e, conseqüentemente, vão aprender. Para alguns, não há outra maneira possível. É difícil ver o nosso semelhante se queimar, mas às vezes tudo o que vocês podem fazer é observar, conquanto seja doloroso agir assim. Isso faz parte da responsabilidade de vocês: saber que vocês não têm nenhum direito de assumir a responsabilidade pelos outros.

Assim, os que incorretamente chamam a si mesmos de mestres ou avatares também servem aos seus propósitos porque isso revela aos outros as suas próprias dificuldades e, uma vez mais, chamamos a atenção de vocês para a necessidade dos anjos das trevas. Todas as formas de negatividade terão de ser depuradas e, com certeza, o serão. E a responsabilidade de vocês é depurar o que puder ser depurado, de acordo com a boa vontade dos que estiverem à volta de vocês; se não houver boa vontade, porém, vocês devem se afastar.

A dificuldade com alguns dos velhos mestres agora encarnados é que eles têm um conhecimento hereditário do verdadeiro perigo de participar de demonstrações públicas, pois eles sabem que, ao se transmitir conhecimento a uma criança, ela poderá destruir a si mesma; agora, porém, não há tempo. O conhecimento tem de ser transmitido a todas as crianças. O poder e a luz nessa criança irão protegê-la, se disso forem capazes; caso contrário, porém, ela será atraída para outros mundos, que são o ponto de divergência para o qual vocês estão sendo rapidamente levados.

Se vocês temerem por seus semelhantes, estarão fazendo o jogo dos anjos das trevas, mesmo se esse sentimento for inspirado pela proteção e pelo amor. Evitem esse medo e essa preocupação. Façam simplesmente o que for divulgado, porque todos vocês que estão lendo estas palavras têm a oportunidade de purificar a energia no lugar onde se encontram e com as pessoas que se acham ao seu redor. Voltamos a repetir: quando isso é feito, vocês não apenas transformam uma energia negativa, como também dissolvem uma nuvem inteira — ato que tem repercussão em todas as camadas.

Organizações e ideais formados com base em boas intenções são benéficos, mas eles precisam abrir seu coração a todos. Uma vez mais, lembramos vocês da harmonia dos obreiros da luz, e isso inclui vocês. A união de seres de todos os planos — incluindo os seres interdimensionais, os quais, em alguns casos, significam os seres que estão além deste planeta — está voltando para Deus e para a unidade. Isso precisa acontecer por meio da escolha individual, pois não poderá ocorrer de outra forma. Portanto, mantenham-se firmes em seu conhecimento dessa luz perfeita. Riam e desfrutem essa luz perfeita, partilhando-a com o mundo. Vocês ficarão admirados com o resultado!

· 4 ·

Ondas de Luz

Esta é uma época de disciplina pessoal. Vocês têm conhecimento do contato com a luz interior, muitos de vocês já trabalharam em favor da integração da alma e alguns já tiveram sucesso, enquanto outros estão quase conseguindo fazer o mesmo. Compreendam agora, porém, que vocês precisam disciplinar a energia da alma de modo que possam incorporar e integrar o que quer que ocorra fora do perímetro da vida de vocês. Não é mais correto separar; nunca foi. Vocês não podem separar uma área da outra. Vocês não podem rechaçar nem rejeitar; precisam integrar ao ser anímico aquilo que vocês deparam a todo instante. Isso significa não se deixar desviar do curso de vocês e não ficar desequilibrados nem presos a vínculos; absorvam essa negatividade no ser anímico. Não reajam a isso. Disciplinem-se a não reagir. Sem demonstrar reação vocês vão conseguir transcender a negatividade. Esse passo não requer vontade, mas disciplina.

Muitas pessoas acham que mundo espiritual significa ser indisciplinado; elas tomaram o ideal de liberdade e usaram-no como pretexto para negligenciar suas responsabilidades. Isso não é espiritualidade, mas sim fascinação ou desculpa. Expansão espiritual não significa fuga e, sim, integração com a vontade anímica, e nada que penetra na vida de qualquer alma vai depreciá-la ou perturbá-la, se houver harmonia com essa luz. Falamos sobre isso de várias maneiras, com diversas palavras, mas os significados são os mesmos. Observem o que está acontecendo com vocês agora. Já houve uma separação, e os que não se acham realmente no caminho da integração da alma partiram para outros lugares, separando-se dos que estão no caminho da verdade.

Todavia, ainda existem alguns que ficaram em cima do muro, com um pé aqui e outro lá. Para que lado irão saltar? Que caminho irão tomar? O pedaço de terra que divide esses dois lados está se partindo, e essas pessoas terão de pular imediatamente para um lado ou para o outro. O ponto de divergência acha-se sobre nós neste momento. A transmissão dos ensinamentos, tal como tem sido feita, precisa ser encerrada gradualmente. As ilusões precisam ter fim. As ilusões do caminho espiritual têm de ser deixadas para trás porque, com elas, não se pode seguir em frente. As ilusões vão se esfacelar se a vontade for verdadeira. Caso contrário, as pessoas vão continuar com suas ilusões e separadas daqueles que buscam a verdade. Os semelhantes se atraem; sempre foi assim e sempre será assim.

As comunidades vão ser estabelecidas em nome da

paz espiritual, e algumas delas serão integradas por aqueles que ainda estão presos à ilusão da separação. Vocês estão vendo pequenos grupos espalhados pelo mundo, com pessoas se reunindo, como sempre fizeram, e encontrando suas energias magnéticas naqueles que estão ao redor delas.

De certa maneira, agora há poucos desafios neste ponto de divergência, porque boa parte dos desafios foram enfrentados, tendo havido vitória ou derrota. A verdadeira ressonância — no coração, no ser, a verdadeira mente do indivíduo — é o que está ressoando e se expandindo. E o caminho dos que estão seguindo em frente e dos que não fazem isso vão agora cruzar-se cada vez menos. As pessoas encontrarão os seus lugares. Isso não é um juízo de valor e não significa que um grupo seja melhor que o outro, conquanto seja verdade que as forças mais energizadas vão mover-se para uma área e as menos energizadas irão para outra.

Cada alma sempre encontra o seu verdadeiro lar, no seu verdadeiro lugar, no seu verdadeiro tempo. A massa de terra está se movendo muito mais rápido do que vocês conseguem ver. Sob a terra há uma trepidação. As raízes estão sendo arrancadas e ilhas e regiões inteiras se afastarão, separando-se, deslocando-se e transformando-se. Até agora, vocês viram muito pouco movimento, mas verão mais ao longo dos próximos três a seis anos. Vocês estarão onde deverão estar.

Não são as palavras que impressionam, inspiram ou expressam a verdadeira redenção. É a energia que emana de cada um de vocês. A comunicação pela palavra está se tornando cada vez menos importante. O que importa agora é a energia da freqüência, e aqueles que estão sintonizados nela vão querer falar cada vez menos. Eles vão querer recorrer à sua fonte de energia e, talvez, irradiar uma nota de energia. O ensino pode ser feito em vários níveis, e o ensino silencioso agora está se tornando apropriado. Este é o momento certo para vocês fortalecerem a si mesmos, o momento de ficar no próprio poder de vocês, ligados à luz. Nada pode influenciar vocês, nem induzi-los, nem assustá-los. Haverá concessão de luz para cada indivíduo e não para o indivíduo de uma outra alma. Vocês não precisam se preocupar com a possibilidade de terem sido abandonados pelos seus verdadeiros guias e mestres; eles não farão isso. Eles estão trabalhando freneticamente nos planos superiores para ajudar a elevar a consciência e contribuir para a expansão; entretanto, essa expansão tem de ocorrer pela vontade de cada um de vocês.

Há uma ou duas energias muito poderosas no corpo de vocês e no planeta. Vocês não conhecem os seus nomes e elas atuam em silêncio, através de raios de energia. Elas não pregam nem ensinam, mas estão se manifestando para ajudar o estado físico e contribuir para a expansão das freqüências de energia que vão surgindo. Elas contagiam com a luz. Vocês não as conhecem por nenhum nome, mas conhecem a energia, sentem-na e reagem a ela.

Abram a garganta, abram o centro da garganta, não para falar mas para acolher a verdadeira comunicação no coração e na alma. Para muitos de vocês, a energia nos centros inferiores está se tornando quase inexistente, daí a sensação de desinteresse. Mas esses centros não estão fechados. Eles estão abertos como estações sem trens; portanto, vocês ainda podem sentir a freqüência energética das energias de base. Sob o comando da vontade e em determinadas situações, as velhas energias desses centros vão entrar; porém, como os chakras inferiores foram em grande parte purificados, a velha energia em geral não vai durar mais do que duas horas. Assim, quando os que transcenderam essas energias inferiores sentirem novamente a emoção e a possessão, essa sensação será mais forte do que antes, porque eles não estão mais acostumados a elas, de modo que essas energias lhes parecerão extremamente desagradáveis. Portanto, vocês não devem reagir. Deixem que a energia entre e saia sem nenhuma reação e, assim, vocês estarão livres.

O mundo não muda por causa dos ideais, por maiores e mais grandiosos que eles sejam. O mundo é transformado no coração de cada pessoa. Este é o líder para a nova energia. Neste momento, dentro do homem, é muito forte o desejo por uma pureza autêntica, por uma iluminação autêntica e por uma verdade autêntica. O homem não busca mais ilusões, não quer mais louvar da boca para fora organizações, religiões ou grupos que não o serviram. Os seres de luz não os negligenciaram. Vocês não precisam se preocupar com isso; eles não partiram. Estão todos aí. Os seres de luz estão trabalhando dentro de vocês, e vocês mesmos estão se tornando seres de luz. Já falamos sobre a alteração da matéria etérea; ela já se modificou para muitos e a transmutação física inicia-se.

Faz agora muitos anos que vocês começaram a passar por uma série de mudanças. Nós lhes propomos a imagem de ondas quebrando-se contra uma rocha; cada onda vai solapando um pouquinho essa rocha até que, com o tempo, ela se desfaz. Quando a rocha finalmente se esfacela, vocês têm a evidência dessa mudança. Ela aconteceu ao longo de muitos anos. Vocês estão vendo mudança após mudança, onda após onda, agora que estão começando a reconhecer, no nível da matéria física, a dispersão das freqüências até mesmo na terra sobre a qual vocês caminham. As mudanças também estão acontecendo nos planos superiores. Vocês estão novamente recebendo cada vez mais energia neste planeta. Mais e mais luz.

Em determinado momento, essa luz enche a sala, atinge a consciência humana e vocês tomam conhecimento dela. Vocês não a sentem apenas; ela torna-se uma verdadeira realidade. Isso é o que vocês estão vendo: a mudança do reconhecimento de uma realidade de luz. A mudança neste planeta tem de ser alcançada em ondas. Se isso fosse feito com excessiva rapidez, ocorreria uma completa destruição no nível físico, pois a matéria física não suportaria as dimensões da mudança. Mas vocês têm passado por uma onda fluida após outra, que trazem os raios cósmicos. Nós os advertimos de que eles começaram a ser sentidos com mais força nos últimos cem anos, e sua intensidade aumenta a cada mudança.

Pensem simplesmente em cada geração, não apenas a cada vinte anos mas a cada dez. A cada década apareceram novas energias, novas mudanças, novas idéias e novas consciências. Cada nova geração está trazendo um novo raio para o ser físico. O ritmo com que vocês passaram pelas décadas de 20, de 30, de 40 e, agora, na década de 90, acelerou-se mais a cada década, a cada ano, e a grande mudança de consciência ao longo desse período, a grande mudança no interior do homem também ocorreu rapidamente. É verdade que alguns homens ainda fazem guerras, e é verdade que alguns homens tornam-se prisioneiros de sua negatividade — e vocês verão muito disso; entretanto, vocês também verão homens elevando o estado de consciência até surgir o verdadeiro deus-homem. Desse modo, vocês vão de fato experienciar esses pontos quando tiverem a sensação de que muita coisa já aconteceu mas, na realidade, trata-se de um processo contínuo em que uma onda segue-se a outra.

Gostaríamos agora de falar sobre a purificação dos laços genéticos humanos com os seus ancestrais. Essa purificação é muito importante e significa deixar para trás os traços genéticos muito fortes em vocês. Vocês sentem que estão presos ao ser físico, ou assim lhes parece. Mas nada é fixo, nada é sólido; tudo é líquido e fluido, incluindo a estrutura genética do homem. Assim, não é impossível transcender o laço genético; para os que sofrem com essa dificuldade específica, porém, a impressão é de que estão indo contra a natureza. Esse é o desafio. Tudo o que podemos dizer é: ouçam a voz da alma. Não a mente nem o corpo físico, mas a alma. Saibam que vocês estão seguros na alma. Saibam que vocês estão em segurança dentro do ser anímico e que, a partir desse ponto, todas as coisas se fundem e vocês poderão transcender mesmo os padrões físicos genéticos que talvez tenham estado com vocês ao longo de inúmeras existências.

Falamos sobre laços genéticos, mas laços genéticos são influenciados pelas encarnações da alma. Uma vez mais, semelhante atrai semelhante, mas não é impossível ouvir a verdadeira vontade que é a alma. Esse conhecimento é o poder dos altos sacerdotes e sacerdotisas. Esse é o poder do Cristo e do que está além dele. Esse é o poder da verdadeira força divina que flui através da cada um de vocês, sem exceção. Essa é a segurança de vocês, essa é a verdade e enfatizamos que, ao se disciplinarem a fazer isso, vocês irão transcender.

É verdade que algumas pessoas são geneticamente mais suscetíveis de se apegarem a uma energia baseada no medo, incluindo aquilo a que vocês se referem como cérebro reptiliano, mas não tenham dúvida de que tudo isso tem origem no medo. É verdade que há mais oportunidades para a remissão, mas nem todos podem libertar-se do medo. Nada é fixo, e as energias e entidades negativas são variadas. Não há uma causa específica; cada pessoa tem a sua própria porta, a qual é aberta por sua própria freqüência negativa. Assim, cada pessoa deve ser tratada como um indivíduo. Não se pode generalizar e, por isso, trata-se de um processo demorado; as curas e iluminações têm de ser feitas uma de cada vez.

Há muitas razões pelas quais uma pessoa retém energias negativas; mas quando nos inteiramos da sua existência, podemos eliminar todas as causas do medo. Se alguém reteve uma entidade negativa junto de si ao longo de várias gerações, o problema obviamente fica mais difícil de resolver; mas é possível romper qualquer padrão e, com a vontade anímica, isso se torna fácil. Em alguns casos, não existe desejo de libertação; em outros, as pessoas apegam-se à energia negativa e se sentem quase felizes em sua prisão. Quase felizes com o poder que essas entidades têm sobre eles. Muitas vezes, um demônio no interior de uma pessoa pode ser comparado a uma serpente enrodilhada. Essa serpente pode viver em qualquer centro, em qualquer parte do corpo e, às vezes, pode dormir por séculos; nesse meio-tempo, a pessoa aparenta estar perfeitamente bem; todavia, a serpente pode despertar a qualquer momento e solapar sua força vital.

A única maneira de dissolver a entidade é alcançar o âmago, a verdade dessa pessoa, e, em ressonância com essa verdade, está a vontade. Quando há vontade — o verdadeiro desejo — então, essas pessoas podem ser ajudadas. Vocês podem ver isso nos dias de hoje. A negatividade está sendo revelada de muitas maneiras, ao passo que, no passado, ela permanecia invisível. Agora, ela está se revelando, às vezes de forma muito clara e detalhada como a besta ou serpente interior, que se assemelha a um demônio interior. Com força e coragem, ela pode ser combatida e eliminada.

Hoje existem muitos seres encarnados que têm o antigo conhecimento, o conhecimento dos tempos passados, quando esses seres desempenhavam o papel de verdadeiros sacerdotes e sacerdotisas — o trabalho de magia — e curavam com essa magia. Eles estão aqui porque, agora, esse conhecimento é necessário. E ele será resgatado instintivamente; não pode ser ensinado. Será natural e instintivo para aqueles que o detêm e que o usarão para ajudar. Porém, existem aqueles que usaram esses poderes no passado e impuseram sua vontade aos outros. Eles também se acham encarnados agora e precisam aprender a abandonar essa vontade e usar o seu rico conhecimento só em favor da verdade e do bem, sem se deixar seduzir pela tentação de usá-lo para aumentar o próprio poder.

É importante que vocês fiquem tranqüilos. Enfatizamos muito isso hoje em dia. Fiquem tranqüilos na união e na paz de sua própria harmonia. Vocês estão recebendo uma ajuda incalculável. Vocês não podem imaginar o quanto estão sendo ajudados, porque, dentro em pouco, quando o ponto de divergência chegar, os seres de freqüência superior terão de começar a sonhar e a "determinar" o futuro planeta. Vocês serão os artífices deste planeta, os arquitetos de um novo mundo, e essa transformação vai tornar-se possível.

A vocês foi dada a tarefa de iniciar os projetos para o futuro. Esses projetos, assim como qualquer edifício, precisam ter um alicerce, e esse alicerce tem de ser o amor. O alicerce não pode ser formado pelos ideais ambíguos, nem pela força, nem pelos poderosos. Ele deve ser constituído pela verdade e pelo amor. Com essa verdade e amor vocês criarão, por meio de sua energia mental, o que irá tornar-se este planeta, porque tudo se fragmentará, incluindo as massas de terra. No olho da mente, o homem criará, com o ímpeto de sua energia, até mesmo o estado físico do novo mundo. À medida que forem se tornando um dos mestres da encarnação, vocês serão auxiliados pelos anjos e pelo conhecimento verdadeiramente profundo dos mestres. Essa energia não pode ser captada pelos que forem gananciosos, pusilânimes ou destituídos de iniciativa. Ela sempre será acompanhada do verdadeiro amor, o alicerce sobre o qual será construído o novo mundo de vocês.

Esse novo mundo será tal como vocês o vêem. Vocês o verão na luz, em cores radiantes, com padrões lindamente entrelaçados. Isso foi o que aconteceu no início. O planeta, tal como existe hoje, foi criado no interior da mente de Deus. E ele é, e sempre foi, um belo, intricado e maravilhoso padrão, perfeito na sua existência. O homem foi um experimento da vontade, e ele não falhou, muito embora vocês vejam a escuridão. Ele transcendeu. O homem da nova era torna-se o deus de si mesmo, e ele dará vida aos pensamentos da sua verdade.

A luz dourada está na atmosfera da Terra e os raios dourados descem dos céus, enchendo vocês de alegria.

• 5 •

Intuição Superior

Hoje, todos os seres de luz que trabalham com vocês e por meio de vocês estão extremamente ocupados e empenhados. Empenhados na sua inspiração, em seus ensinamentos e em seu trabalho dinâmico em favor da expansão da consciência da humanidade. Com isso não queremos dizer que muitas pessoas irão adquirir consciência de um momento para o outro; em vez disso, afirmamos que, no nível individual, o objetivo do trabalho com relação à expansão da consciência é harmonizar as freqüências dos raios com as forças superiores da luz. Essa harmonização global vai acontecer no nível básico — que se encontra no interior do coração de cada homem.

À medida que a consciência for ascendendo, particularmente em energias grupais — e aqui incluímos países, raças, culturas e sociedades —, vocês terão a evidência disso no instante em que a consciência maior surgir subitamente, levando as pessoas a um estado de maior aceitação, tolerância e compreensão para com a obra em geral e para com elas mesmas em especial.

Quando isso ocorrer, as pessoas terão dado um grande passo em termos de harmonia, força e bondade, e estarão aptos a fazer parte da verdadeira fraternidade humana. Conquanto vocês possam ver mais evidências disso numa situação grupal, queremos deixar claro que isso está acontecendo no nível individual.

Assim, muitos seres de luz estão sendo convocados; na verdade, todos os seres de luz estão sendo convocados, quer estejam no plano superior, no plano astral ou mais além. E os irmãos interplanetários, junto com os elementos humanitários escolhidos no plano terreno, são utilizados onde quer que estejam e independentemente do que estiverem fazendo. Vocês verão — e estão vendo agora — as evidências disso; trata-se de uma época muito agitada para todos; suas atividades cotidianas podem ir se ajustando a essa transformação à medida que vocês forem adquirindo essa nova consciência, esse novo estado de ser.

A cura é feita por meio dos canais da consciência maior. A permuta dessa energia de cura ocorre por meio de cada um de vocês, se assim permitirem, simplesmente se deixando existir. A freqüência celular de vocês emite o som, a força e a radiação daquilo que descrevemos como luz — que é, nas palavras de vocês, cura.

Agora, neste momento, vocês precisam pensar menos nas grandes mudanças. Vocês não devem, de maneira nenhuma, deixar-se perturbar por histórias de desastres ou de movimentos no nível físico, ainda que todos vocês estejam conscientes dessas possibilidades. No momento, os obreiros da luz deveriam se concentrar onde quer que estejam, espalhando luz, não através da imposição, mas por meio de uma energia solidária. Essa luz vai ser irradiada a cada minuto de cada dia. Essa é a concentração dos obreiros da luz, esse é o trabalho que será realizado.

Posteriormente, alguns serão convocados a fazer um trabalho mais específico em lugares determinados, para promover a harmonia entre as energias da Terra e as existentes no ser humano, favorecendo sua própria transição, o despertar, a mudança da humanidade e a mudança no nível da alma; por hora, no entanto, vocês devem deixar de lado esses pensamentos. Todos vocês têm um trabalho especial a fazer e todos têm de fazer esse trabalho especial no lugar onde estão agora. Ele pode ser feito em torno de suas casas e nos arredores do local onde vocês se encontram. E nenhum local deve ser excluído. A idéia de que vocês tenham de ir para algum lugar especial para poder realizar a obra de luz é bastante incorreta. Esta é uma parte da informação que vimos tentando transmitir, mas muitos de vocês ainda não entenderam isso. A obra de vocês deve ser feita onde vocês estão. Aquilo que vocês estão fazendo agora e o lugar onde estão é o que importa e o que irá exercer uma influência significativa — e não onde vocês acham que deveriam estar, pensamento que provém da tendência para a glorificação de si mesmo e é um remanescente do ego. Alguns de vocês irão viajar um pouco. Alguns se deslocarão um pouco, mas isso só vai ocorrer a partir dos contatos já estabelecidos.

As Ilhas Britânicas são uma terra maravilhosa. Elas existem há muito tempo e, lá, a energia do passado é muito forte. Não se preocupem com a possibilidade de que essa energia seja de alguma forma prejudicada ou neutralizada; isso não vai acontecer. No momento apropriado, ela vai se reordenar, de maneira que os aspectos positivos poderão ser preservados. Estamos contentes com o fato de poder relatar que muito trabalho já foi feito no sentido de acabar com o medo, e que parte dele foi eliminado do plano terreno e continua a se dispersar, como nuvens que se desfazem no ar. Boa parte da purificação foi feita e grande parte do medo foi transformado. Há mais a ser feito, mas podemos dizer-lhes que o medo que agora será transformado irá passar por esse processo de forma mais automática. Ele será dispersado pelas reações de cada pessoa às notas de sua alma, ao som de sua alma. Ele será dispersado naturalmente, como um fluxo de energia. Se pudessem enxergá-lo, vocês veriam a energia dispersar-se como limalhas de ferro sendo levadas para longe.

Quando começamos a fazer esse trabalho a sério, especificamente para a transição, muitos anos atrás — desde o início da década de 50 — vocês não acreditavam que fosse possível abalar de tal maneira o medo obscuro, arraigado e pegajoso. E, no entanto, hoje há lugares que estão completamente livres do medo, mesmo no nível celular da Terra, tanto no homem como no próprio solo. Existem agora pontos muito claros neste planeta. Existem, obviamente, áreas obscuras que ainda concentram energia negativa, mas essas áreas estão sendo purificadas e, mesmo nelas, a energia está sendo dispersada. Há lugares em que vocês sentem a claridade e, nesses lugares, é impossível sentir medo ou negatividade, em virtude da limpidez da energia.

Não percam tempo perguntando-se que lugares são esses porque eles estão na casa de vocês, se vocês aceitarem isso. Portanto, vocês não precisam viajar para encontrar esses lugares; eles estão onde vocês estão, se vocês permitirem que seja assim. Há um movimento de grandes proporções no imenso continente das Américas. Esse movimento está ocorrendo em todos os níveis. Muito trabalho já foi feito lá e, na verdade, em todos os países. Diversos países têm apresentado caminhos, e relatado dificuldades que têm de ser resolvidas em nível individual. Agora, vocês verão muitas mudanças nas Américas. A força da luz está chegando. A consciência pode abarcar essa irmandade humana de uma forma que nunca aconteceu antes. O ideal estava lá, mas raramente foi posto em prática. Agora, o ideal pode ser vivido em seu verdadeiro sentido, em sua forma verdadeira.

A influência política da Inglaterra terá um efeito de grande alcance, e vai contagiar a energia de todo o mundo. Não estamos dizendo, de maneira alguma, que esse imenso continente está perfeito ou livre do medo — ele não está. Ainda há nele imensas áreas de escuridão, mas agora existe luz suficiente nas nuvens para que se possa enxergar através delas, começar a ver com clareza e entrar em ressonância com a força da luz. Essa vontade de ver será muito produtiva, não apenas para os que vivem nessas terras, mas para todo o mundo.

Vocês não poderão mais se dar ao luxo de viver isolados, ou não conseguirão mais viver assim. Vocês não vão mais poder, não vão precisar ou não vão mais querer dizer: "Este é o meu país, o meu lar, o meu lugar." Em vez disso, devem aceitar como lhes pertencendo todas as terras, todos os povos, todos os credos e culturas — e não por idealismo, mas porque se trata de uma verdade. E vocês podem fazer isso tudo a partir do próprio lar de vocês. Vocês não precisam ir a parte alguma para levar a cabo essa mudança. Vocês podem fazer essa transformação onde quer que estejam.

Tem havido muita preocupação com os mares e águas deste planeta. Essa preocupação muito em breve vai chegar a todos vocês no seu estado consciente, se é que já não chegou. Vocês vão descobrir que a vegetação marinha — as plantas, peixes e criaturas do mar — passará por uma mudança. Haverá algum alarme, porque várias espécies de peixes e de criaturas das profundezas vão se extinguir. Em certo sentido, os mares estão perdendo suas criaturas. Essas formas de extinção fazem parte da mudança, e as águas dos rios também vão causar muita preocupação — preocupação por causa das substâncias químicas nelas encontradas, preocupação com o seu conteúdo e preocupação porque alguns rios estarão muito cheios, causando inundações, e outros com pouco volume de água, provocando secas.

Tudo isso quer dizer mudança e preocupação. Mas a resposta não está na ciência; a resposta está na flutuação da energia e na freqüência vibratória atual deste planeta, o que, mais do que qualquer outra coisa, está afetando as águas. Ponha água numa bacia, incline-a, agite-a e veja o que acontece. Num nível global, é isso o que está acontecendo aos mares e rios, causando uma perturbação. A perturbação vai provocar mortes nos mares, porém isso é necessário. Tal como acontece com as plantas, com os animais e com todas as criaturas da Terra, as energias também estão se modificando. Portanto, essa mudança vai afetar a alimentação de todos os seres vivos.

A cadeia alimentar está se alterando. Até agora, essa alteração tem sido sutil, mas no futuro estará longe disso e uma certa dose de cooperação será absolutamente essencial para o bem-estar da humanidade, das plantas e dos animais. A ciência não pode proporcionar as respostas. A energia da vida vegetal está flutuando violentamente e algumas das qualidades energéticas dos alimentos vegetais são quase nulas, o que está causando grandes problemas para alguns povos de certas áreas que comem determinados alimentos.

Assim, vocês precisam procurar olhar a vida de modo intuitivo, porque tudo está se movendo e modificando. Embora algumas áreas tenham uma maravilhosa vibração no reino vegetal, vocês mais uma vez não devem se preocupar em saber quais são essas áreas. Instintivamente, vocês saberão. Saberão até mesmo os alimentos que deverão escolher nas mercearias e supermercados. Serão capazes de saber do que é que precisam. Não excluam nenhuma variedade de alimento porque, a cada semana, terão de avaliar quais dos alimentos disponíveis irão lhes fornecer os nutrientes e a energia de que necessitam. Muitas pessoas estão enfrentando grandes dificuldades com oscilação de peso e com dietas. Em alguns casos mais graves, há riscos, idéia fixa e muita preocupação desnecessária. Até mesmo nas forças flutuantes. Em virtude daquilo que dissemos anteriormente a respeito das águas do mundo, as criaturas e os vegetais que nelas vivem — e que vocês comem — estão obviamente incluídos nessa flutuação. Alguns peixes serão provavelmente mortos em termos de energia. Os peixes que mais irão alimentá-los são os que comem uma grande variedade de alimentos — se vocês preferirem, os que são os lixeiros do mar! Eles serão mais nutritivos para vocês do que os peixes considerados finas iguarias. Nos ovos que vocês comem também existe grande flutuação. Poderá haver pouca energia nesses ovos, e incluímos aqui os ovos de criaturas marinhas; no fim das contas, porém, vocês só poderão conhecer isso por si mesmos.

Temos de falar de forma clara — e um tanto ríspida — com aqueles dentre vocês que estão conscientemente no campo da luz. Mais do que quaisquer outros, vocês estão cientes das flutuações de freqüência energética, especialmente nos últimos cinco ou dez anos. Houve muitas mudanças de energias e de freqüências em vocês mesmos. Muitos de vocês que transcenderam as energias inferiores — trabalhando principalmente com as freqüências energéticas superiores, através dos chakras mais elevados — terão de abrir novamente os chakras inferiores para deixar entrar um fluxo de energia que lhes permita reagir no nível terreno, quando essa reação for necessária. Se não fizerem isso, vão perder o corpo.

O corpo de vocês, obviamente, é físico e, no nível físico, vocês precisam reagir. A expansão de seus níveis tem sido benéfica. É bom que vocês não necessitem mais da ligação com as forças inferiores, e o que acabamos de dizer não decorre de uma necessidade no nível pessoal, mas de uma necessidade no nível físico. Portanto, deixem que o chakra de base, e aquilo que vocês chamam de chakra do sacro e do plexo solar, se mantenham abertos e sem bloqueios, deixando de tempos em tempos que a energia passe por eles para ajudar vocês enquanto indivíduos. Essa abertura também vai ajudá-los em seus trabalhos.

Lembrem-se de que, faz algum tempo, falamos que as energias inferiores de vocês assemelhavam-se a estações sem trens. Voltamos a confirmar o que foi dito, com a diferença de que, agora, estamos também dizendo-lhes que essas estações precisam acomodar um trem ocasional em termos de energia. No início, essa afirmativa lhes parecerá um tanto estranha. Vocês precisam ser muito fortes e equilibrados, porque isso poderia levá-los a pensar que vocês têm de olhar para trás e lembrar as dificuldades do passado; a verdade, porém, é que vocês não precisam fazer nada disso. Deixem a energia fluir quando houver necessidade. Isso fará com que se sintam um tanto pesados e, em alguns casos, ensejará uma grande e rápida mudança de peso.

Lembrem-se de que tudo se reflete em tudo o mais. Não se preocupem com isso, porque o peso vai se estabilizar; em certo sentido, no entanto, vocês necessitam das forças magnéticas do peso, no chakra de base, para prendê-los ao planeta, porque este não é o momento de deixar a Terra e, de qualquer forma, muitos de vocês vão manter o corpo atual durante um tempo muito longo, muito além dos costumeiros sessenta ou setenta anos. Assim, o corpo precisa de energia no seu próprio nível. Essa energia nem sempre virá da própria Terra; ela será uma energia "frouxa", sugada pela força magnética do próprio ser de vocês. Há uma decisão consciente de mudar no nível celular. Cada minúscula célula do corpo de vocês tem o seu próprio estado de consciência, e aquilo que vocês, como pessoas, estão sentindo é a freqüência mais elevada de que falamos. As células humanas também estão passando pela experiência dessa mesma freqüência. Imaginem as células como pessoas pequenas e, assim, vocês talvez possam compreender o significado dessa possibilidade.

Falamos a respeito desse assunto agora porque se trata de algo que está acontecendo; vocês não terão de procurar por isso. Falamos a respeito porque muitos de vocês já estão enfrentando esse problema e se sentem intrigados por causa disso. Todavia, trata-se de um procedimento automático. Contudo, é importante, quando estiverem conscientes disso, não reagir à idéia de que vocês estão presos às energias inferiores. Como vocês vão se sentir "mais normais", ou ter a impressão de estar desenvolvendo de novo uma antiga freqüência de energia, vocês poderão ser perdoados por achar que o progresso de vocês diminuiu e que precisam ficar atentos a isso. Portanto, muita coisa depende da atitude mental de vocês e de uma forma correta de pensar e viver. Nenhum exercício poderá facilitar esse passo. Mantenham-se alertas, e saibam que vocês são fortes.

Outra grande mudança energética ocorrerá no sexto centro, que vocês chamam de terceiro olho. Essa mudança, num nível profundo, é aquilo que poderia ser definido como clarividência verdadeira, as verdadeiras capacidades psíquicas. Uma abertura extremamente forte — e imediata, no caso de algumas pessoas — irá por si mesma trazer à tona novas perspectivas e novos pensamentos, à proporção que novas observações forem sendo feitas. Vocês podem harmonizar o sexto centro

— e a profunda energia central do terceiro olho — com os centros inferiores. Tudo o que vocês precisam fazer é pensar nisso, e o processo de harmonização será levado a efeito. Falamos diversas vezes sobre a velocidade do pensamento e sobre aquilo que o pensamento pode fazer num sentido imediato. Em termos de energia, ela poderá ser harmonizada, purificada ou eliminada num instante por meio do pensamento. O pensamento de vocês deve estar em harmonia com o estado clarividente intuitivo superior por meio do sexto centro, situado no cérebro. Nenhum exercício é necessário, mas o "pensamento correto" é imperativo. Para alguns de vocês, portanto, o corpo vai sentir-se mais equilibrado do que no passado. Não obstante vocês tenham mantido a integridade, a "âncora" de vocês, o profundo eixo da luz da alma, vocês, na verdade, não se sentiram em equilíbrio. Na realidade, alguns de vocês já esqueceram como é a sensação de integrar a porção física ao ser como um todo. É por esse motivo que lhes dizemos que vocês agora poderão se sentir mais normais porque haverá equilíbrio. A integração física tem sido lenta e difícil. Vocês precisam purificar completamente os centros inferiores para eliminar a estagnação e liberar as freqüências energéticas vibratórias inferiores no nível celular, para que essas estações estejam abertas e desobstruídas para permitirem o retorno da energia — não para ficarem armazenadas, mas para passarem através de vocês, de maneira que possam fazer uso dela e trabalhá-la.

Os antigos santos estão muito próximos. Todos os obreiros da luz, onde quer que tenham estado, qualquer que seja a encarnação que tenham assumido ou, mesmo, se nunca tiverem encarnado, são seres úteis e estão trabalhando. Não há nenhuma estagnação de energia; absolutamente nenhuma. Não é uma grande tranqüilidade para vocês saber que todos esses seres de luz estão trabalhando em favor ou junto com a humanidade? Vocês também têm de fazer a parte de vocês para ajudar, e sabemos que não se descuidarão dessa parte. Enviamos bondade e luz a todos. Estaremos sempre com vocês.

• 6 •

Agentes de Transformação

Seres radiantes, brilhantes, cheios de energia, vocês estão cientes da mudança — e muitos tiveram essa ligação de forma consciente. Essa transformação não está ocorrendo da noite para o dia, mas de forma fluida e bastante deliberada — como as ondas numa praia, em movimento constante e mudando de padrão. O padrão mais importante que agora precisa ser alterado para o próximo estágio é a constituição física do homem.

Os atributos genéticos e a estrutura celular do homem começaram a se alterar e vocês precisam vibrar na luz, sintonizados no ritmo da consciência superior, para o grande movimento da humanidade.

Isso também está ocorrendo no planeta físico, na Terra; nela vocês estão vendo sinais de mudanças, mais até do que as mudanças que estão ocorrendo na própria humanidade. Todavia, as mudanças que vocês têm visto, e que continuarão a ver, estão ocorrendo no corpo humano e, à medida que o corpo vibra com uma consciência maior no nível físico, chegar-se-á a um ponto de divergência. Já falamos sobre esse tema antes, esse completamento e essa divergência. Isso lhes permitirá continuar seguindo em frente e os levará para novas áreas de consciência, para áreas completamente novas na vida. Vocês verão muitas pessoas cuja energia está exaurida; aquelas cuja estrutura celular não pode fazer a mudança sofrerão uma flutuação energética, às vezes sentindo-se muito cansadas e, outras vezes, mostrando-se muito ativas. O esgotamento de energias vai causar umas poucas fatalidades em termos de morte física. Vocês talvez ouçam falar de uma nova doença, que ganhará grande publicidade; mas ela não será uma nova doença e sim o esgotamento no interior de pessoas que não conseguem lidar com o problema e, assim, vão preferir deixar a Terra nesse momento. Lembrem-se: sempre há uma escolha a ser feita. Mesmo quando vocês observam atos violentos entre as pessoas, ainda assim elas tiveram escolha.

Vocês estão entrando numa atmosfera de grande expansão, que poderá ser muito inspiradora, e isso vai gerar uma explosão de criatividade na música, nas artes e em qualquer coisa que seja considerada criativa ou artística. Em alguns casos, isso vai ajudar a inspirar, elevar, consolar a humanidade e a imprimir em vocês certo sentido de união com o divino. Essa atmosfera também vai significar uma espantosa capacidade de ver além do véu, de enxergar em diferentes dimensões e de ser psiquicamente perspicaz e sintonizado. Muitas pessoas que nunca demonstraram nenhuma faculdade paranormal vão começar a desenvolvê-la durante um período de dois a três anos, entre 1994 e 1997; mas vocês também verão o inverso disso: loucura e ilusão. Vocês já perceberam que há pessoas que falam coisas totalmente infundadas porque se expandiram com demasiada rapidez. Isso fez com que a mente delas fosse levada para domínios de sonhos impossíveis. Nesse período, portanto, muitas pessoas infelizmente estarão buscando esses sonhos. Mesmo isso, porém, terá um efeito positivo porque, por meio da expectativa de um caminho melhor, elas poderão revelar aos outros os possíveis potenciais que não puderam ser revelados antes. Haverá algumas baixas e algumas pessoas ficarão muito abatidas, desanimadas e angustiadas enquanto estiverem lutando por um sonho que simplesmente não existe. Repetimos a todos vocês: lembrem-se de se conservar concentrados e determinados, pois a liberdade de vocês deriva da capacidade de se manter centrados. Confie apenas nas verdadeiras crenças de vocês e na sua própria vontade.

Agora temos de falar do coração e do amor. O amor é uma das principais condições para a mudança positiva da humanidade. Não o amor como um belo ideal, mas o amor que se realiza, que faz parte da ligação de vocês com o divino — o amor, como freqüentemente dissemos, que não é emoção, nem necessidade e nem reação. Essa energia de amor está à vista.

A luz é uma freqüência que se ligou a pensamentos superiores. São os pensamentos de vocês que criam todas as coisas, e a luz-pensamento é amor. O estado de pensamento puro, de amor puro, não é uma condição e sim uma realidade. Enquanto vocês não conseguirem entrar em ressonância com esse estado puro, não conseguirão ser concentrados nem determinados e, portanto, não vão transcender para as dimensões superiores. Assim como vocês não podem caminhar sem pernas, também não podem seguir em frente sem o coração. Esse é o único pré-requisito da mudança para a verdade superior. Estão iludidos os que pensam que podem simplesmente evocar imagens bonitas e também os que optaram por correr atrás de experiências supostamente iluminadoras. A única experiência de iluminação é o amor, e este encontra-se no interior de cada um.

Precisamos falar disso porque não haverá ilusão alguma maior do que a ilusão do amor. O amor de que falamos não é sacrifício nem dever, tal como lhes tem sido ensinado. Não é dizer: vocês deveriam fazer ou vocês têm de fazer. Amor é dizer: eu sou, eu quero, eu sei. O amor incondicional é o único amor e, se vocês fizerem alguma coisa que não desejam fazer, estarão tão-somente indo contra si mesmos e fazendo isso apenas por uma questão de dever. Se vocês não fizerem aquilo que desejam fazer, vocês estarão vivendo uma mentira, e não há amor na falsidade. Portanto, isso não tem nenhum valor para o novo mundo. Vocês poderiam tentar curar um bilhão de pessoas pobres, doentes e necessitadas e, ainda assim, isso não seria amor. Desse modo, o importante não é o ato em si mas a intenção com que é feito. Essa é a pureza que possibilita a freqüência e a verdadeira iluminação.

Pense mais uma vez nos anjos; eles cuidam de seus próprios assuntos, em seus mundos, sem impor condições. Quando eles vêem uma energia doente, que está se exaurindo, eles não pensam: "Devo curar essa pessoa?" Eles também não curam a pessoa porque ela mereceu isso por ser boa. Eles nem sequer pensam: "Essa pessoa vai sobreviver fisicamente?" A pessoa pode estar morrendo, mas os anjos ainda assim curam-na e ajudam-na porque esse é o modo de ser que lhes é próprio. Por isso é tão importante estabelecer ligação com essas criaturas de luz, visto que, por meio dessa ligação, vocês vão compreender mais plenamente a verdadeira idéia do amor incondicional. Esses seres nunca buscam, desejam nem pedem agradecimentos. Eles simplesmente fazem, e essa é a qualidade que vocês todos estão buscando. Essa é a qualidade do coração puro, e o coração puro é sempre a maior proteção e o maior guia de vocês. Se vocês não querem fazer alguma coisa pelo seu vizinho ou amigo, devem admitir isso: talvez haja uma razão intuitiva pela qual é apropriado para você, agora, não oferecer essa ajuda, ainda que isso pareça uma grosseria ou que as pessoas se sintam magoadas com a negativa. Julguem por si mesmos. A verdadeira intuição será o guia de todos vocês.

E quanto ao mundo? Houve muitas escolas de pensamento no que concerne às mudanças que estão por vir. Houve muitas ameaças e promessas: muitas pessoas apegaram-se à idéia de que haverá algum tipo de Armagedom, e mortes violentas já ocorreram por causa dessa ilusão. Seria faltar com a verdade dizer que a mudança não está ocorrendo, e que o planeta não está passando pela mais extraordinária das mudanças. Mas presumir que vocês precisam criar um culto, uma religião ou uma crença com base nisso é igualmente falso. Essa mudança na Terra faz parte do caminho natural — muito embora lhes pareça totalmente antinatural, particularmente à medida que as repercussões físicas começam a ser verdadeiramente observadas.

Prestem atenção em Júpiter! Esse planeta afeta a Terra mais do que qualquer outro; ele afeta o planeta em si, e não necessariamente as pessoas que nele vivem, embora tudo esteja inextricavelmente ligado. Tempos melhores estão chegando. A capacidade de perceber além do espaço tridimensional é agora uma probabilidade bastante concreta, e o foco da nova visão é importante para ajudá-los a enxergar o que está à frente e compreender o seu verdadeiro significado. Não se deixem levar para os domínios da fantasia: vocês precisam manter os pés no chão — não literalmente fixos sobre o chão, nem enterrados no solo, mas vocês de fato precisam buscar o equilíbrio entre as energias físicas inferiores e as energias espirituais superiores.

É muito importante que cada pessoa intua qual é o

local onde deve estar. Este não é o momento para se criar grupos, organizações ou cultos. Se vocês fizerem isso, irão deparar com um cenário semelhante ao dos suicídios em massa que recentemente ocorreram na América, e que foi desastroso para todos os envolvidos, ainda que, no entanto, tinha sido edificada sobre a verdade. Cada pessoa vai encontrar naturalmente o seu lugar. As pessoas mudarão de endereço vezes e vezes seguidas, ao longo dos próximos anos. Vocês todos estão a salvo; vocês não podem ser destruídos, e o desenvolvimento de vocês simplesmente não será afetado pelo lugar em que se encontram; todavia, em algumas áreas será reconhecida a presença de forças obscuras e, obviamente, os que são de alguma forma iluminados simplesmente não vão querer estar perto desses lugares, exceto por aqueles poucos que estarão aptos a construir os alicerces da cura pela luz. Mas esses serão em pequeno número, e não serão as pessoas com as quais vocês têm contato. Eles serão obreiros especiais da luz, purificadores com energia especial para realizar o trabalho. Essa não é uma tarefa para os pusilânimes e, certamente, não é para os que acham que podem ajudar idealisticamente. Essa missão é para os que são guerreiros espirituais, fortes em sua determinação e fortes também fisicamente. Algumas dessas pessoas nada saberão conscientemente sobre espiritualidade ou sobre o trabalho de consciência superior que estarão realizando mas, apesar disso, estarão espiritualmente em sintonia.

Para a maioria das pessoas é melhor se sentir fluidas, abertas, sem se fixar a nada. Por enquanto, as raízes não vão fixar-se no solo. Uma vez mais, estamos falando sobre a segurança da morada interior.

Não haverá um Messias. Não haverá uma pessoa que irá falar ao mundo. Haverá muitas. Vocês podem falar ao mundo. Vocês todos têm esse poder. Uma pessoa específica criaria seguidores, o que gera ilusão, ao passo que a realidade está dentro de todos vocês e, no momento em que compreenderem isso, vocês se sentirão melhor. Obviamente, haverá alguns de vocês que irão sobressair-se e comunicar-se de forma mais destacada, mas eles não são detentores da única verdade. Eles estão apenas falando para as massas, apenas vocalizando aquilo que, de qualquer forma, todos vocês sabem. É bom ouvir o que eles têm a dizer, mas é muito melhor ter esse conhecimento e, se algumas pessoas se deixarem levar pela ilusão de serem os únicos porta-vozes para o mundo — os Messias — elas estarão muito enganadas. Vocês todos são mestres em potencial. Vocês todos são grandes na sua existência. Enquanto não compreenderem isso, não compreenderão coisa nenhuma. Há certas almas que, de fato, permitem que uma energia flua através delas, da mesma forma como a energia da cura flui através de vocês, e elas têm uma capacidade maior de transmissão para esse raio ou energia. Algumas dessas pessoas são desconhecidas e não chamam a atenção mas, com o tempo, todos vocês vão precisar ter esse fluxo de luz para poderem seguir em frente.

Outra grande ilusão é a ilusão das trevas. A ilusão de que as trevas irão, de alguma maneira, prevalecer, de que o mal tem de ser combatido. Ele está sendo combatido, mas não com luta. Ele está sendo combatido com a única coisa capaz de erradicá-lo, e essa coisa é o amor. Se vocês receberem alguma escuridão, façam com que ela entre no coração de vocês e ele vai dissolvê-la, pois vocês são os transformadores da luz. Sintam a radiação do amor fluir do seu ser, do âmago da verdade de vocês, e quando sentirem isso, saberão que estão seguros e que tudo está correto.

Dizemos isso porque essas coisas precisam ser ouvidas, mas a energia que está sendo trazida é mais importante do que as próprias palavras. Vocês todos são abençoados.

• 7 •

O Deus Louco é Você

Não fiquem alarmados nem perturbados por nada que venha a ser divulgado; há muito trabalho de purificação alarmando muitas pessoas. Não reajam com medo, mas apenas com amor.

A época do aprendizado por meio do sofrimento chegou ao fim; agora é o momento de aprender pela alegria. A alegria é possível para todas as pessoas, e está ao alcance de cada um. A alegria de fazer parte de todo o universo, a percepção de que todas as coisas funcionam em conjunto, como um enorme padrão em processo de constante mudança, e esse padrão de mudança constante é formado pelos mesmos constituintes. Tudo se move, tudo muda, mas a substância é sempre a mesma. As permutações de padrões em todo o universo estão além da imaginação de vocês.

Se pararem para pensar em quantas melodias e trechos musicais são criados a partir de uma escala, vocês perceberão o que está envolvido na ressonância harmônica do cosmos — que é incalculável — e verão que as permutações dessas incalculáveis possibilidades estão fora do alcance da mente humana. A consciência de vocês está agora trazendo-os lentamente para o total conhecimento e percepção de que ninguém está sozinho, que vocês fazem parte desse gigantesco quadro que é ilimitado e não tem fim. E por meio desse reconhecimento vem a alegria. É esse o verdadeiro significado da mudança. O reconhecimento da continuidade de todas as coisas, de que tudo faz parte de uma mesma unidade. A alegria é a ressonância do amor, e o amor entrou no coração de vocês.

Falamos sobre a diminuição da energia dos chakras inferiores e sobre a expansão da energia dos chakras superiores. Queremos agora falar mais sobre essa mudança porque isso é relevante para a alegria e o amor que irão impeli-los a um novo caminho. A energia com que vocês trabalharam no chakras inferiores está se dissolvendo na consciência superior, inicialmente criando um vazio dentro de alguns dos centros. Conforme vocês forem realmente entrando em contato com a alegria e o amor que existem no estado de consciência superior, um novo tipo de energia vai encher os chakras. Alguns de vocês estão agora passando pela experiência dessa alteração no plexo solar, onde há energia, ainda que não seja a antiga energia emocional com que vocês estão familiarizados. A energia ligada aos desejos, à solidariedade e à receptividade emocional foi dissolvida e, em seu lugar, veio a energia do Sol, uma energia cálida, uma energia que descrevemos como o "trampolim do Sol".

O trampolim do Sol permite o surgimento de uma energia tão compacta que vocês podem saltar para dentro dela. Usamos a analogia do trampolim porque a energia não é estática e sim algo a partir do qual vocês podem saltar. Esse fato é muito importante para a perpetuação da espécie humana e para a perpetuação da cura nos níveis superiores. Esse é o lugar onde a verdadeira solidariedade surge a partir da alegria.

No interior do chakra do sacro, que vocês definem como o segundo chakra da base, está a energia que, no passado, vocês usaram como se fosse o jato de um foguete, freqüentemente impelindo-os em direções que não os levavam para casa, mas sim para perto dos desejos humanos. Todavia, há no interior desse chakra a possibilidade de uma força igualmente poderosa, mas que vai juntar-se ao terceiro olho, no interior da cabeça, para ajudá-los a usar e a direcionar o olho interior, a verdadeira visão psíquica ou visão invisível — a visão que está além da visão.

Essa energia será novamente utilizada de forma muito eficaz, por meio da união com a verdadeira alegria. Quando utilizada em conjunto com o eu inferior (o corpo), que permanecerá, ela visou a produtividade, não apenas a procriação; visa aumentar a criatividade do ser humano. Isso, obviamente, permite uma maior ressonância no útero e na semente, tornando possível uma criatividade diferente e o nascimento de uma criança também diferente. Sempre haverá prazer na união entre duas pessoa mas, no futuro, o prazer envolvido nisso não terá apenas o propósito da satisfação pessoal; ele fará parte da união que agora você começa a sentir com todo o cosmo. Desse modo, vocês podem dizer que o prazer derivado da união de duas pessoas superará toda sensação que jamais foi experimentada até o momento.

O centro do chakra do sacro é um importante centro de energia; sempre foi assim e sempre será, porque ele é o trampolim para outras forças interiores. O centro inferior, que vocês comumente chamam de chakra de base, vai continuar a ser uma força vibrante em seu verdadeiro estado. As cores, no entanto, vão se alterar. Com isso queremos dizer que a freqüência ou a nota vão se alterar, permitindo que haja uma comunhão maior com todas as coisas que, fisicamente, residem dentro de vocês. Estamos nos referindo, obviamente, a uma união com a Terra, onde vocês estão. Portanto, há uma verdadeira troca de energias entre tudo o que existe na forma material. Da mesma maneira como há uma verdadeira cooperação nos planos superiores. Essa é uma importante mudança para vocês. De certa maneira, isso implica uma descontinuidade entre os estados individualizados de cada um de vocês. Cada pessoa vai continuar a ser única, a ter o seu próprio tipo singular, sua gama de possibilidades particulares e de permutação das freqüências, como já descrevemos. Mas o conhecimento da união com o todo agora permite certa cooperação, certa amizade e certa união de forças de energia que se tornam parte do todo, embora continue a preservar a sua singularidade.

Vocês estarão mantendo o estado físico, e isso somente terá se tornado possível pela ressonância da verdadeira alegria, penetrando não apenas o espírito de cada pessoa, mas as próprias células de seu ser, permitindo que uma freqüência positiva ou negativa se manifeste em uma célula, sem que haja luta entre atração e repulsão numa mesma célula. Os próprios fatores de repulsão dessas diferenças criarão o magnetismo, e chegará o momento em que esse fato será descoberto pela comunidade científica.

As células humanas já mudaram, adaptando-se a essa luz. O desejo de mudar, a disposição para seguir em frente sem medo, devem estar presentes nas pessoas para que seja possível executar no corpo a extensão da consciência superior.

Assim, o calor e a beleza do amor que cria esse som é uma ressonância colorida de alegria, a qual se tornou possível pela ascensão da energia a partir do coração, penetrando depois na garganta ou passando por ela, movimento esse que é registrado logo acima do coração — que vocês corretamente chamam de "nível do espírito". Isso cria uma possibilidade jamais imaginada antes, nem mesmo pelos maiores artistas ou inovadores. Todavia, muitos seres sábios sentiram as enormes dimensões das possibilidades que agora se acham ao alcance de vocês.

O medo é dissolvido num nível celular, mesmo nos que acham que ele não se foi. Vocês trazem em si mesmos a lembrança do medo, mas, depois de certo tempo sem esse medo, essa memória, esse padrão desaparecem gradualmente e o DNA começa a mudar.

Há diversos tipos de medo. Um deles, já mencionado, é o que está relacionado com as células, com toda a estrutura de vocês, e está impregnado no interior das células. Esse medo é uma espécie de mutante na célula. Mas aquilo que vocês podem ter agora é uma célula radiante, oca e que não se encontra mais em seu estado mutante.

Quando vocês criam animais, ou quando se esforçam para mudar plantas, criando novas cores e flores, essa transformação é feita ao longo de muitas gerações. Vocês podem ver a mudança quando produzem um aspecto que desejam desenvolver e, no decorrer de algumas gerações, essa transformação é criada em sua memória celular. Mas a mudança de que estamos falando, na estrutura celular da humanidade, não precisa de nenhuma geração adicional — ela será criada através da alegria de vocês. Isso responde a muitas das perguntas enviadas aos planos superiores.

Vocês estão ficando conscientes disso, conscientes do modo como podem usar esse fato e das possibilidades de sua utilização para curar e ajudar os outros. E é claro que essa possibilidade existe, embora vocês precisem reconhecer, com humildade, que não podem agitar uma varinha de condão pelos outros. Vocês podem apenas ajudar e inspirar os outros a encontrar sua alegria pelo amor e por um coração aberto — um coração que nunca deve fechar-se. E através do coração aberto, vocês podem ajudá-los a expandir-se. Nenhuma visualização ou meditação pode fazer isso por outro ser humano. Alguma força-pensamento positiva vai emanar em virtude da meditação, mas é incorreto imaginar que vocês possam modificar a estrutura do DNA de uma pessoa por meio da meditação ou da visualização. Essa mudança só pode ser conseguida pelo som e pela ressonância da energia de que falamos, a alegria, a qual é a ressonância do amor. O amor em sua forma mais elevada, através de um coração aberto que nunca pode ser fechado, é o único modo, seguido pelo grande desejo de todos vocês expandirem-se.

Muitos de vocês já se perguntaram se o fato de ser humano era algum tipo de experiência realizada por um deus louco. Na verdade, a vida de vocês é uma experiência, e vocês são o deus louco! Ademais, a experiência está indo mais longe do que jamais se poderia imaginar. Todos estamos entrando em águas desconhecidas e não catalogadas. Todo ser humano está pisando numa terra onde nunca esteve antes. Os elementos que a constituem são os mesmos, mas os padrões mudam mais uma vez, trazendo novas informações, experiências, força e ainda mais poder para a já poderosa força-deus a qual todos vocês pertencem. Vocês são uma unidade.

Deus Pai realmente existe. Mas o deus criança, que são vocês, também existe. Quem pode dizer quem é mais importante, o Pai ou o Filho? Para o pai, o filho pode ser mais importante; para o filho, o mais importante pode ser o pai. A doação e o recebimento de amor criam um espírito divino — a radiância e a ressonância que, como ondas de choque, enviam energia para o universo, criando ainda mais possibilidades e mais crianças em diferentes formas. Assim, não fiquem com medo quando virem que algumas das pessoas deste planeta infelizmente não aproveitaram essa maravilhosa oportunidade. A força anímica divina dessas pessoas continua viva. De certa maneira, a experiência da Terra, tal como tem ocorrido, agora chegou ao fim. Muito foi aprendido, muitas estatísticas e muitas informações foram formuladas na mente de Deus. Interrompemos agora essa experiência, no momento em que se inicia a transmutação e a transformação do novo homem.

Quando uma alma tem um coração realmente aberto, isso contagia os que se encontram ao redor. Para simplificar: nessas pessoas, o alcance da aura é muito grande, e há muita gente que, em maior ou menor grau, gera luminosidade. Algumas pessoas realizam um tipo de trabalho; algumas ocupam-se de outra coisa. Não há uma maneira definida de estar em ressonância com essa força luminosa — a força luminosa da pura alegria. Trata-se simplesmente de uma troca e, se alguém com o coração expandido fizesse uma meditação ou visualização, isso iria ajudar, mas, por si mesmo, não promoveria a mudança no outro indivíduo — a mudança só ocorre a partir da ressonância da força da verdade.

Vocês têm necessidade de se comunicar, e os exercícios de meditação com os quais muitos de vocês estão envolvidos são uma forma de comunicação; todavia, você já sabem que há uma forma superior de comunicação que vai além das palavras e além da visualização. Não podemos dizer: "Parem de fazer essas coisas", porque elas fazem com que as pessoas se sintam seguras e estabeleçam contato com a própria energia — o que, por sua vez, faz com que elas abram o coração. Mas não é a meditação em si que abre o coração. Houve época em que se acreditou que a meditação profunda era o único caminho que levava a Deus, e é verdade que algumas formas de exercícios de meditação conferiam de fato admiráveis capacidades a algumas pessoas, embora não as levassem para mais perto de Deus — foram apenas o desejo e a vontade dessas pessoas que abriram o coração delas e, depois, levaram-nas para o verdadeiro estado divino.

Não importa o modo como vocês formulam os pensamentos. Não importa o que vocês fazem. Vocês foram criados para acreditar que "fazer" é o objetivo, e é difícil eliminar esses pensamentos e crenças. Mas "fazer" não é o que se tem em mira. O propósito é crescer e expandir-se, e a expansão deriva de um coração verdadeiro e aberto.

É agradável meditar. É bom formar grupos de meditação e estar em meio à energia desses grupos. Além do mais, o trabalho de cura feito interiormente tem o seu alcance e desempenhou o seu papel. Todavia, o que estamos falando agora é que vocês, finalmente, têm de regressar desse lugar de verdadeira boa vontade interior e tomar consciência de que Deus é uma possibilidade real.

Não se desesperem, pois tudo o que vocês fizeram é objeto de amor. Tudo o que vocês fizeram é amado. E tudo o que vocês podem ser é ser amados; quando reconhecerem isso, estarão tomando conhecimento do papel e do objetivo de vocês.

Vocês estão se tornando seres de luz, o que os define bem, a vocês, inspirados pela iluminação e pela alegria. Tentamos procurar maneiras de descrever isso, embora todas sejam inadequadas, mas falamos de uma analogia que não é desconhecida para vocês: qual seja, a idéia que um pequeno inseto tem de um grande mamífero. De que forma a formiga e o elefante se vêem? A idéia que eles têm um do outro corresponde à realidade? Eles realmente sabem que cada um deles pertence à mesma família, à mesma união e à mesma grande alma, apesar das diferenças? Mesmo os duros caminhos da negatividade e do medo acabam por conduzir a alma de volta a tudo o que é. Oferecemos a vocês esse pensamento.

• 8 •

União Espiritual

Estivemos falando sobre a matéria do espírito e, agora, falaremos do espírito/matéria. Trata-se de uma forma invisível aos olhos humanos mas que, não obstante, existe. Ela é invisível porque, no passado, sua freqüência não estava em harmonia com o tipo de corpo do homem ou, pelo menos, com a aceitação da percepção do espírito. Em outras palavras, essa percepção do espírito/matéria pode ser vista, pode ser percebida como uma mudança, uma abertura das portas da mente.

Para abrir as portas da mente, todo o ser tem de aceitar, não pela fé mas pela total percepção e pelo total conhecimento, que espírito/matéria de fato existe; e essas condições só são obtidas mediante a elevação da consciência. Vocês agora estão vendo isso acontecer, até mesmo nas mentes mais obtusas. Às vezes, isso é visto com mais clareza por uma mente simples, ordenada; a percepção é mais difícil no caso de uma mente ocupada com preocupações físicas. É muito importante falar sobre o espírito/matéria. Já dissemos, e isso está acontecendo, que a ciência e a medicina vão chegar a esse mesmo ponto pelos seus próprios caminhos. Os planos superiores estão trabalhando para facilitar essa ocorrência, de modo que pode haver uma fusão de conhecimentos com os místicos, com a medicina e com todas as outras partes. Tudo isso requer que os seres humanos deixem de lado a idéia de que podem ser ridicularizados pelo seu conhecimento, e eles poderão descobrir que todos partilham esse conhecimento, porque ele advém de uma percepção anterior. É por esse motivo que discussões intelectuais não ajudam. Não há nenhuma prova na matéria apenas, mas há provas no espírito/matéria, e provas na mente superior, a mente do conhecimento; a ela é que todos vocês aspiram, a ela é que vocês se ligam.

O espírito é a força que orienta, impele, expande e se irradia para dentro. Ele tem o seu próprio objetivo e também faz com que vocês se conservem vivos na matéria e no espírito. Há certo movimento nas diferentes camadas interiores. O espírito desce e torna-se matéria. As diversas dimensões podem ser comparadas a uma escada, com o espírito no seu ponto mais alto; à medida que vocês vão descendo, as percepções de vocês vão ficando cada vez mais sólidas em termos físicos, até que se chega à matéria física sólida (por exemplo: gases transformam-se em água e, depois, em gelo). Mas a matéria física não é uma substância diferente. Considere isso como uma reação química em que todas as substâncias provêm da mesma substância inicial, visto que todas elas são uma mesma coisa.

Damos a vocês essa imagem do ato de descer por uma escada porque ela é adequada. Poderíamos falar em descer uma colina ou uma montanha, e assim por diante, vendo as coisas de forma diferente. Falamos antes a respeito dessa diferença de perspectiva, mas é importante que vocês agora reconheçam a verdadeira espiritualidade da espécie humana. Isso não é um conjunto de crenças nem uma religião, mas o verdadeiro espírito/matéria. Ele de fato existe, embora não seja concreto segundo o conceito que vocês têm de concretude. Todavia, ele tem solidez na força de vocês e, mediante a aceitação, vocês se ligam automaticamente ao ser espiritual e, ao fazer isso, elevam-se para uma nova consciência. Com essa nova consciência vocês se transformam e começam a tornar-se os novos seres de luz — coisa que vocês já começaram a perceber que é possível. Assim, existem muitos processos de movimento, muitos processos de consciência.

Os Seres de Luz têm trabalhado nos planos espirituais, ajudando a humanidade no decorrer dos tempos, e eles tanto têm ficado agradavelmente surpresos como também, às vezes, decepcionados, porque muitos de vocês optaram por continuar passando pela roda das experiências kármicas, ligados apenas à matéria. O importante das experiências kármicas era a percepção de todo o seu potencial de espírito/matéria — deus-homem. É muito difícil para vocês compreender plenamente, por meio de palavras, aquilo que estamos comunicando, mas por essas palavras lhes daremos a essência do espírito, e pela essência do espírito vocês vão saber. Isso que estamos dizendo não se aplica apenas àqueles que têm estado conscientes das verdades espirituais, ou àqueles que são versados em assuntos místicos. Essa mensagem é destinada a todas as pessoas porque todos vocês existem no espírito/matéria.

Quando dissemos que a meditação e o pensamento, por si mesmos, não criarão um novo homem, era a isso que estávamos nos referindo. O reconhecimento do espírito permite a ligação, e por via da radiação dessa ligação vocês podem se valer de pensamentos para criar novos padrões e dissolver os antigos. Até que essa verdadeira ligação aconteça, porém, o pensamento e a meditação, por si mesmos, pouco mais farão além de, obviamente, permitir a ligação com o eu interior e com a paz interior. A paz pode ajudá-los a afrouxar os vínculos com a matéria. Sugerimos que vocês agora aceitem a espiritualidade, que é o verdadeiro destino do homem.

Isso está relacionado com o que tentamos dizer-lhes antes a respeito dos chakras inferiores. Os centros inferiores estão ligados ao ser físico e a idéia de fusão e de um uníssono entre espírito superior e energias inferiores é importante porque a ligação com a luz é a verdadeira ligação de vocês com o espírito. A luz é uma força, e essa força, ao entrar na matéria, torna-se extraordinária.

Quando a energia do espírito chega por via dos centros superiores, ela entra primeiramente no coração e depois passa para o plexo solar, permitindo uma solidificação da energia. Esse raio espiritual, a seguir, permeia e amalgama os chakras do sacro e de base. Essas são energias diferentes daquelas do plexo solar e sempre foram e sempre continuarão a ser assim. Em vez de perder toda a energia do centro do sacro (como está acontecendo com a energia do plexo solar, que está sendo substituída pelas propriedades mais sutis da luz solar), vocês não vão perder a verdadeira força e poder que sempre existiu nesse centro. Mas vocês com certeza vão perder todas as energias negativas, todos os padrões baseados no medo, incluindo aqueles que existem nas células e a impressão deixada pelo medo nos padrões genéticos do homem, em seu DNA.

Nesse centro, então, a força vai tornar-se extraordinariamente poderosa, o que será muito importante. Ela vai emanar e subir através e para dentro dos chakras superiores, ligando-se sobretudo à intuição superior, que está no chakra do terceiro olho e no chakra da coroa. Assim, essa força, que é pura força, puro poder, torna-se o ímpeto, o poder, o foguete que fornece energia para os centros superiores e para as possibilidades mais elevadas. Ela torna-se a "magia" que então criará, por meio dos pensamentos humanos, o novo raio, o novo mundo e os novos corpos do homem. Isso só pode ocorrer quando a Terra está aberta e quando o plexo solar está repleto da energia da compaixão da luz do Sol, pois o plexo solar é a proteção superior para o chakra do sacro ou centro sexual — sempre foi.

A proteção da compaixão e da solidariedade pelos semelhantes tem sido a proteção de vocês contra o instinto animal que pode criar violência e agressão — e os que não têm compaixão muito freqüentemente maltratam os outros. O plexo solar tem sido sempre o guarda-chuva dos chakras inferiores, e agora mais ainda porque, sem as propriedades sutis e as emanações dos raios do plexo solar, vocês não podem obter a força pura: ela não vai existir e não vai se manifestar sem a depuração do plexo solar.

A humanidade costuma ter medo do poder porque o poder em si, sem esse guarda-chuva representado pelo chakra do plexo solar, tem sido uma influência destrutiva; mas o verdadeiro poder, a verdadeira força não é destrutiva. Ela é pura e não pode destruir porque não há nenhuma negatividade, nenhum desejo de destruir.

Agora que o homem chega a esse ponto da evolução, os desejos estão em total consonância com a sua união espiritual. No passado vocês se opuseram ao desejo porque sempre presumiram que ele era egoísta; todavia, os desejos de vocês são aquilo que vocês devem seguir porque, sintonizados com a consciência superior, eles se tornaram verdadeiros desejos espirituais, ligados à força divina e, portanto, ligados à luz. Daí a importância do chakra do sacro. A verdadeira energia desse chakra torna possível a criação e a produtividade; não estamos falando agora da procriação de raças, mas do estímulo à sua evolução e da criação de mais conhecimento por meio dessa evolução.

Isso não significa que vocês não irão procriar através da sexualidade. Vocês ainda terão sexo — embora este, tal como vocês o entendem, vai tornar-se muito menos definido. Ainda continuará a haver união sexual entre homens e mulheres. Essa união, com sua verdadeira força, será uma força de doação e de criatividade, não só para a procriação do novo ser humano mas também uma nova força que vai permitir o seu próprio surgimento a partir dos planos superiores. As ligações e a união entre seres de luz não serão apenas a recompensa da sexualidade, mas uma energia que cria as crianças nos planos superiores. Ela vai criar pensamentos e poder nos planos superiores, permitindo uma irradiação da consciência superior.

Quando alguns de vocês se deixam levar por idéias relativas à ligação com outras estrelas e galáxias, vocês estão encarando a questão a partir do ângulo errado. Vocês agora estão conscientes dessa ligação (o que não quer dizer que não estivessem conscientes antes), e essa consciência gera curiosidade. Esta faz com que vocês busquem o que está à frente, mas vocês já estão unidos — não apenas a partir de um lugar, mas de todos os lugares. Muitos de vocês tiveram existências em lugares situados além do globo terrestre, além do planeta e desta galáxia, em diferentes estrelas e em diferentes lugares e, obviamente, até essas estrelas surgiram a partir da mesma substância original.

Vocês não vão aprender mais coisas ligando-se a uma estrela ou a um agrupamento específico de estrelas do que estabelecendo contato com lembranças do que se passou antes, não apenas no caso de uma pessoa, mas para toda a humanidade, porque houve ligações físicas, mentais e, obviamente, espirituais, com determinadas áreas do cosmos. Essas ligações tornaram-se agora lembranças que estão sendo despertadas em vocês, da mesma forma como há lembranças em estado desperto, quando vocês se lembram de sua jornada kármica, das suas próprias experiências passadas.

Mas todas as pessoas fazem parte umas das outras, e uma experiência que serve para uma serve para todas. Só se descobre isso quando se tem um corpo diferente em cada encarnação. Contudo, os diferentes corpos, em última análise, não existem; são apenas uma forma que permite a realização de experiências singulares dentro deles. Trata-se de corpos individuais, porém eles também são parte do todo. A memória superior e a consciência superior estão ligadas a todos os seres e a todas as formas de vida, independentemente do lugar onde elas estejam e do modo como vocês as percebam.

Em determinado estágio da evolução, não é possível ter plena compreensão de todas essas coisas porque isso exigiria muito de vocês e não lhes permitiria um desenvolvimento específico, por caminhos determinados. É por isso que vocês acham que esqueceram, embora, na verdade, não tenham esquecido nada, visto que a memória ainda existe na consciência de vocês. Todavia, a lembrança das formas das experiências negativas e do medo devem ser perdidas, não em termos de memória mas em termos de sua ligação com elas. Esse é um conceito difícil para vocês: ter a capacidade de lembrar sem criar vínculos. A mente de vocês, tal como existe agora, não permite que vocês compreendam tudo o que existiu e o que vai existir, e, não obstante, no âmbito da mente superior, vocês têm o conhecimento de tudo o que existe, existiu ou existirá.

Nessa época, vocês terão acesso a tudo aquilo de que necessitam, porque isso é apropriado para vocês, e a essa altura, graças a uma maior capacidade de entendimento, vocês poderão também compreender. É como esperar que um bebê entenda uma equação científica quando ainda não consegue falar direito. Ao longo do tempo, porém, à medida que o bebê cresce e aprende, ele passará a compreender. O mesmo acontece com vocês e com a compreensão das coisas importantes.

Existem seres que vivem em dimensões que vocês nunca vêem e que também têm visões limitadas de seus estados dimensionais. Eles não vêem vocês da mesma forma como vocês se vêem, embora possam ter alguma percepção consciente de vocês. Eles existem no seu próprio tempo e espaço. O cosmos e o estado da vida como um todo estão além da capacidade de imaginação do homem, e as permutações dessas formas de luz estão além de qualquer coisa que vocês possam entender plenamente.

Voltamos agora à energia do coração. Queremos deixar bem claro que não estamos falando de uma atitude idealizada de amor perfeito, obscuro como ideal e como expectativa. Essa é uma realidade. O que vocês chamam de amor incondicional é energia do coração. Ele é incondicional; não é um ideal, tampouco uma esperança. Ele realmente existe! Trata-se de uma força energética do coração que é o eixo central de equilíbrio de todas as forças — a trilha do meio, o caminho do meio. Ela encerra as energias positivas e negativas de todo o universo. Não estamos nos referindo à energia negativa, destrutiva, mas às energias masculina e feminina, tais como vocês as entendem. É o raio do coração que une essas forças, atuando como uma ponte. Isso é fundamental para o total reconhecimento de vocês e para a "existência" do verdadeiro espírito/matéria.

Talvez seja mais fácil para vocês chegar a essa compreensão abrindo-se para essa energia do coração, porque isso lhes oferece a linha do meio, o caminho médio através do qual vocês podem perceber ambos os lados. Ficando nessa linha média, vocês podem passar pelo estado de amor incondicional e, em função disso, podem enxergar o verdadeiro potencial de vocês como espírito/matéria — deus-homem. É por isso que destacamos a importância de se trabalhar nessa época com o coração. Não se trata de expectativa, esperança, fé ou de religião, embora a verdadeira essência do amor esteja dentro de todos os ensinamentos. Falamos em estar "no coração da matéria" e, por estarem no coração, vocês estão com a matéria e com o espírito.

Isso não é algo que possa ser ensinado por meio de palavras, por mais pura que seja a canalização ou o médium. Essa transformação tem de ocorrer em cada um de vocês, por meio de uma compreensão mais profunda. A maioria de vocês já deve ter alguma compreensão desse fato. Grande parte do que falamos vai apenas enfatizar um determinado aspecto e confirmar o que já se encontra na mente superior, mais profunda, de todos vocês. Essas palavras não têm o objetivo de tranqüilizá-los, mas acabam surtindo esse efeito. Elas se destinam a ajudá-los a alcançar o potencial mais pleno e verdadeiro, que não tem fim; em seus estados mais elevados, porém, isso está apenas começando!

Essas mudanças de que falamos não são algo obscuro; trata-se de uma coisa tão sólida na sua verdade e realidade quanto a terra firme sobre a qual vocês pisam. Isso será observado por todos vocês porque o tempo está se esgotando e todos estão sendo "empurrados contra a parede". E por isso vocês são forçados a aceitar uma grande visão, um grande potencial para a iluminação. Esse momento é agora!

· 9 ·

A Mente da Alma

A maior parte da humanidade está vivendo de acordo com os antigos padrões, principalmente em virtude do hábito e das lembranças. Na realidade, porém, a energia de hoje não está em harmonia com esses antigos padrões de pensamento, que não conseguirão manifestar-se na matéria ainda por muito tempo. Muitas pessoas ficarão confusas quando começarem a perceber que a vida delas carece totalmente de alicerces firmes e de objetivos, e essa descoberta terá um enorme efeito em todas as áreas da vida moderna. Isso será assustador porque muitas pessoas vão se sentir inseguras e, conseqüentemente, vão tentar encontrar apoio em fatores externos e, por períodos muito curtos, despóticos. Aqueles que querem ter poder sobre os outros poderiam organizar algum tipo de exército de mortos-vivos, pois essas pessoas não compreendem e não têm nenhuma ligação com a sua força interior.

Assim, está chegando a hora em que vocês verão o colapso da sociedade em muitos aspectos. Cada nação, cada povo, reagirá de forma diferente, dependendo dos seus próprios raios de vibração. Se eles não permitirem que a violência contida no seu raio genético e cultural se dissolva, haverá muito mais violência. Não se alarmem com isso, todavia, porque esse problema ficará restrito a determinadas áreas e será logo solucionado. Isso durará um período muito curto, mas, não obstante, essa será uma época muito perigosa. Convém que vocês se mantenham bem sintonizados com as forças da intuição, de modo que, quando essas energias destrutivas se manifestarem, vocês saibam para onde ir e o que fazer se quiserem evitá-las.

Todas as energias do corpo humano estão mudando. Já falamos sobre isso, mas agora gostaríamos de mencionar a mudança mental pois, à medida que o sistema de energia no interior do corpo muda e adquire uma nova energia, trocando o velho pelo novo, todas as áreas do corpo são afetadas. A mente e o corpo reagem a essa mudança de formas diferentes.

A mente intelectual ainda está em atividade, mas está começando a se tornar uma mente secundária. Temos de falar agora em termos que não são absolutos. Quando falamos de uma mente superior, falamos de uma mente maior. Falamos, portanto, da mente anímica. Não se trata da mente intelectual, mas envolve um processo de pensamento e uma força energética.

Agora a mente anímica está ativada e vai dominar o intelecto. Portanto, o modo como vocês pensam vai ser alterado radicalmente: vocês não vão raciocinar em termos lógicos; vão usar a mente intelectual inferior apenas para efetuar o raciocínio lógico, mas todas as principais atividades que envolvem o processo de decisão e todas as principais reações que dão origem ao conhecimento e despertam a sede de conhecimento virão da mente superior — a mente anímica.

É importante compreender esse fato porque muitos de vocês já fizeram a mudança e substituíram a mente intelectual por aquilo que definiremos agora como um estado intuitivo. Não se trata de uma experiência psíquica — não é fácil para nós encontrar palavras que vocês possam entender. Trata-se de uma experiência psíquica na medida em que vocês não podem vê-la com os sentidos tridimensionais, embora esses sentidos também estejam se expandindo. A mente superior está se fundindo com o conhecimento intuitivo, muito embora este último pareça estar isolado. A intuição não precisa de dados, fatos ou números, como acontece com a mente intelectual, nem precisa de razão; todavia, precisa de algo que a desperte, precisa de um pouco de estímulo. Desse modo, um pensamento corriqueiro, se unido ao aspecto intuitivo de vocês, vai ativar um sentido, um conhecimento, um estado de ser que os levará a saber o que precisa ser feito e qual é o conhecimento que vocês têm — e isso será então traduzido novamente para a mente intelectual. É assim que as coisas estão acontecendo hoje em dia.

Algumas pessoas já mudaram, de modo que, no caso

delas, a mente intuitiva — a mente maior — está funcionando de forma independente. Ela não precisa de pensamentos que a inspirem, pois suas maneiras de sentir não são tridimensionais. Essa mente sente e sabe que vocês percebem essas coisas conceitualmente, conquanto vocês não saibam como elas estão sendo traduzidas. Vocês ouvirão muitas pessoas dizer: "Não sei como sei isto, não sei como cheguei a esta conclusão", ou "Não sei por que tomei esta decisão" e, no entanto — e este é o dilema da linguagem — a decisão teve origem no verdadeiro conhecimento, no conhecimento interior. Isso talvez lhes pareça um pouco complicado porque somos obrigados a descrever esse processo por meio de fontes intelectuais, que não abarcam a mente superior. Resta-nos apenas a possibilidade de usar a linguagem comparativa para dar a vocês uma idéia do que estamos querendo dizer.

No passado, o acesso à mente superior foi feito a partir de um pensamento seminal enviado pela mente intelectual, o qual era traduzido pela mente superior e, então, traduzido novamente para a mente intelectual — e, nessa tradução, muito era perdido. Vocês não podem perceber a mente superior por meio do toque, da visão, da audição ou por qualquer outro tipo de estímulo. Atualmente, no entanto, alguns de vocês estão deixando a mente intelectual em segundo plano e trabalhando diretamente com a mente superior. Isso significa que, intelectualmente, não há nenhuma energia, nenhuma memória ou idéia, e que o conhecimento deriva da sensação e não do intelecto. Este é um conceito difícil de transmitir, em virtude de sua complexidade, mas vamos explicá-lo com detalhes porque ele precisa ser compreendido neste momento em que muitas pessoas estão começando a trabalhar nesse nível diferente, e ainda se sentem de alguma maneira incapazes de justificar essa mudança, incapazes de trabalhar adequadamente ou incapazes de descrever esse conceito ou de raciocinar com ele. Ele requer um raciocínio que nada tem a ver com a lógica. Trata-se puramente do raciocínio superior, e esse é um passo enorme a ser dado pela humanidade. Durante muito tempo, a comunidade médica e científica achou que o intelecto era a principal característica do animal humano, mas ele não é. O espírito e a alma são os aspectos mais importantes. É verdade que o intelecto permitiu que ele tivesse muitas experiências de raciocínio, de prazer, de medo e de progresso, mas o intelecto humano atingiu o seu nível máximo de desenvolvimento. Ele não tem mais para onde se expandir.

Vocês agora estão realizando o destino da humanidade e transformando-se em seres diferentes. Sem abandonar a inteligência e o intelecto, vocês estão tornando possível que o intelecto da humanidade se funda à força da alma. Os místicos que existem entre vocês compreenderão a personalidade impregnada pela alma — as emoções instiladas na alma — mas vocês não têm dado muita atenção à mente iluminadora. Esse é um fator muito importante no desenvolvimento humano, e significa que a forma de comunicação canalizada que estamos fazendo vai tornar-se desnecessária porque a intuição — a mente superior — vai "saber", e não haverá necessidade de comunicação externa.

Esse estado intuitivo — quando vocês o tiverem atingido e se adaptado plenamente a ele — fará com que vocês atuem de uma forma muito diferente. Vocês agirão com um sincronismo que atualmente é desconhecido. Vocês saberão o que fazer e para onde ir, não por seguirem um desejo e certamente não com a ajuda da razão, mas por meio do conhecimento intuitivo. Esse conhecimento não é o mesmo que instinto animal, que é apenas uma forma inferior de sobrevivência, muito embora a melhor palavra para usarmos seja "instintivo". Trata-se de uma resposta instintiva ao conhecimento interior. Com o tempo, tudo isso ficará mais claro, não como um fragmento de informação intelectual, mas como um fragmento de informação inteiramente guardada dentro do ser humano.

Será como se vocês estivessem entrando em uma enorme mente que se perpetua a si mesma, com todo o conhecimento de todos os tempos. O extraordinário nisso tudo é que vocês vão manter o corpo físico. Esse estado mental superior raramente é usado na substância física. Não obstante, vocês estarão trabalhando com a matéria, com o corpo humano, com o espírito e a alma, todos ao mesmo tempo. Isso jamais ocorreu antes, em larga escala, na forma humana. Ao longo da história, tal façanha só foi realizada por pouquíssimas pessoas, por motivos específicos.

Portanto, vocês são seres especiais de luz e estão passando por uma metamorfose! Vocês continuarão a ter, por longo tempo, uma aparência muito semelhante à que têm agora, mas não serão os mesmos. Estarão agindo a partir de um ponto e de um foco diferente, e quase sem fazer uso da razão. No entanto, estarão impelindo o progresso da evolução para níveis muito elevados. Para isso, o corpo de vocês está se reestruturando, e a estrutura do DNA do homem já está mudando. Este planeta também está mudando radicalmente e, num período de tempo muito curto, ele já não lhes parecerá mais o mesmo mundo. Embora a própria consciência da Terra esteja mudando, e a região na qual vocês vivem se torne muito diferente, por enquanto tudo isso não lhes parecerá assim. Sejam cuidadosos porque, durante a transição entre a mente inferior e superior, a insegurança provocada pelos mal-entendidos gerará muito medo; mesmo os que conhecem as mudanças poderão atribuir-lhes conotações equivocadas. Isso nada tem que ver com julgamento, e não diz respeito a algum Deus benevolente, que diga que a humanidade tem sido boa ou não e que merece isso ou aquilo. Estamos falando simplesmente de causa e efeito. Causa e efeito, porém, estão se deslocando para um novo domínio. O universo todo é causa e efeito, e o cosmos como um todo inspira e expira; mas, em pouquíssimos lugares, matéria e espírito trabalham juntos, como acontece neste planeta.

A experiência pela qual o ser humano está prestes a passar só se tornou possível pelo contínuo fortalecimento dos genes e das células do corpo. É esse movimento contínuo e o fortalecimento do corpo humano em todos os níveis que tornou possível ao homem dar esse passo. Mais importante ainda, esse fato ocorreu porque a humanidade agora deseja essa mudança pois sem desejo, sem o verdadeiro desejo, nada teria acontecido.

Poderíamos definir tudo isso em termos científicos; na verdade, fizemos anteriormente algumas tentativas nesse sentido; mas em termos científicos isso, de fato, nada significa, pois não está em ressonância com o cientista. Assim, falamos ao coração, ao conhecimento e à mente superior de que todos vocês estão prestes a se valer. Para viver neste mundo no futuro, vocês precisarão trabalhar com a mente superior. Não será possível trabalhar apenas com a mente humana — e muitos, muitos de vocês estão aptos a fazer essa transição.

Confiem no processo, valendo-se do conhecimento intuitivo de vocês. Não estamos pedindo que ninguém confie sem esse conhecimento; não estamos pedindo fé cega e ignorante; estamos pedindo que vocês entrem em contato com aquilo que vocês sabem que é uma verdade interior e que comecem a trabalhar com ela de forma mais plena. Há, obviamente, uma grande luta contra esses antigos hábitos; os hábitos não apenas de uma existência mas de centenas de existências. Estamos propondo que vocês usem um instrumento diferente, cujo foco está voltado para o futuro. Isso não é algo fácil de se fazer e, embora a transição venha ocorrendo há muito tempo — há mais tempo do que qualquer um de vocês possa ter percebido — ainda é preciso que haja um divisor de águas. Para a maioria das pessoas, essa transição felizmente deu-se com rapidez, facilidade e de forma razoavelmente constante; no caso de vocês, porém, esse salto terá de ser feito muito rapidamente. No caso dos que vierem a dar esse salto no futuro, os sistemas do corpo serão abalados, e isso afetará o sistema nervoso, o sistema imunológico e todos os aspectos que resistem à mudança. Obviamente, essa mudança não pode ser feita de forma emocional e é por esse motivo que falamos muito sobre a dissolução do medo. O corpo de vocês é mutável e muito adaptável — muito mais adaptável do que vocês percebem — e as qualidades latentes do uso dessa mente superior sempre foram possíveis. Essa é uma das muitas permutações do processo evolutivo. Agora é o momento de dar esse salto. O salto evolutivo anterior — a conquista da mente intelectual pelo animal instintivo — foi grande, mas não representa nem uma fração do salto que vocês vão dar agora.

A mente intelectual não será redundante; ela se fundirá com o eu mais profundo e será usada em combinação com ele. Para alguns objetivos específicos, isso funcionará como uma fórmula mágica, transmitindo à mente superior certa energia que fará com que um pensamento se manifeste de imediato. Esses são acontecimentos com os quais vocês antes só poderiam ter sonhado. Está tudo muito além de qualquer coisa que vocês tenham visto nos filmes e livros, e além de qualquer coisa que tenha sido produzida pela mente humana mais cheia de imaginação. As mais incríveis oportunidades e experiências estão vindo ao encontro de vocês.

Para aqueles dentre vocês que estão ligeiramente preocupados com a possibilidade de no futuro não haver nada para se fazer, asseguramos que, no novo mundo, haverá muito a fazer. O objetivo do homem, portanto, é enfrentar esse desafio e seguir em frente com boa vontade.

Cada coisa deste planeta reflete todas as outras. Os cientistas estão descobrindo coisas que sempre existiram. Elas só estão sendo descobertas agora porque são um reflexo do crescimento e dos pensamentos da humanidade.

Há uma extraordinária ligação entre todas as coisas. Quando alguém chega a um determinado conhecimento, este é irradiado através do éter para toda consciência, de modo que qualquer coisa descoberta em algum nível é conhecida por todos. Há uma enorme sincronização, portanto, já que um aspecto da vida espelha outro. Uma colossal sinfonia está soando o tempo todo, permanentemente. Cada coisa decorre de tudo o mais. Tudo flui maravilhosamente em todo o cosmos. Quando alguma coisa nova é descoberta, essa percepção desencadeia um processo de manifestação no interior da estrutura humana, embora apenas alguns poucos tenham conhecimento disso. A percepção dessas diferentes possibilidades cria movimento, mudança e mais conhecimento. Cada coisa perpetua todas as outras coisas. Não existe nenhum fim, existe apenas movimento; entretanto, a percepção desse movimento num nível intelectual é pouco importante comparada à percepção da mente superior e a todas as possibilidades envolvidas nessa comunicação. Estando em total comunicação e ressonância com a mente superior, o ser humano transcende, transforma-se e livra-se da sua prisão para tornar-se uma criatura alada dentro do seu próprio coração, voando para lugares até então invisíveis.

Não existe nenhum exercício ou fórmula para entrar em contato com a mente superior, mas a soma total de todas as experiências vividas, junto com as mudanças do planeta e do cosmos, criaram simultaneamente essa possibilidade. Isso não só é possível como também está começando a acontecer. Sejam muito felizes com toda essa transformação, porque ela significa o fim do sofrimento, tal como vocês o entendem; significa o fim da luta e o início de um conhecimento inimaginável.

• 10 •

Usem a Magia!

A importância deste trabalho de canalização é desconhecida de vocês. Há uma probabilidade muito real de que o processo de canalização não seja mais necessário porque todos vocês poderão alcançar intuitivamente a informação. Entretanto, tal como acontece com qualquer fragmento de informação, ao atingir uma consciência, ele se irradia, se expande e se torna manifesto. Assim, quando a canalização se concretiza através da verbalização da informação, ela permeia a mente de toda a humanidade. Ela cria uma energia de concretização — embora não num nível lógico ou factual — que se torna parte deste mundo de sonhos e, ao fazer isso, a canalização começa a se manifestar na matéria. Cada coisa espelha todas as outras coisas, e tudo é parte de tudo o mais; todavia, para tornar possível a concretização — materializações do cosmos — na matéria, é preciso passar através de diferentes camadas de consciência que desembocam na mente humana. Concomitantemente, o mesmo ocorre no estado humano.

No mundo físico, ocorreram simultaneamente invenções em diversas partes do mundo, mesmo antes de surgirem sistemas de comunicação, antes da invenção do telégrafo e do telefone, e muito antes dos satélites. Duas ou mais pessoas inventaram a mesma coisa, chegaram ao mesmo conhecimento, ao mesmo tempo. Isso ocorreu por meio da união da consciência de todas as pessoas e da descensão da consciência superior para a mente humana consciente, através do plano físico e do estado de sonho.

Esse é o propósito da canalização: criar na matéria o mundo superior. Isso sempre ocorreu, mas de forma lenta, mais ou menos como a água que penetra numa esponja, infiltrando-se lentamente através de diferentes camadas e, às vezes, infiltrando-se penosamente na consciência. Agora a recepção pode ser feita claramente através de muitos médiuns — na verdade, todos podem ser e serão médiuns. Neste momento, porém, quando a história humana está se acelerando, é importante que vocês compreendam que, mesmo se não tiverem nenhuma ligação com as diferentes áreas da sociedade, agora vocês podem ligar-se a elas automaticamente por meio do estado da consciência, a mente coletiva. Isso vai criar um estado de consciência superior a partir da realidade da ligação da mente consciente. É verdade, portanto, que um pensamento que passa por uma mente passa por todas as outras mentes.

Poderíamos descrever essa consciência superior como um satélite, e vocês agora têm o "equipamento" necessário para estabelecer contato com esse satélite. Assim, vocês podem obter informações que, no passado, eram inacessíveis para a maioria de vocês, embora uns poucos tenham conseguido ter acesso a elas. Esta é realmente a época da comunicação, de maneiras e por meios que vocês ainda não viram.

À medida que essa informação se infiltra na mente consciente, ela precisa criar os seus próprios processos no interior de cada pessoa, pois aquilo que pode ser aprendido intelectualmente, ainda que de forma acadêmica, precisa ser provado no estado material. Isso também está acontecendo na maioria dos casos. No passado, o homem foi frustrado pela mente superior e pela mente inferior. Agora existe menos frustração, pois o homem está começando a aceitar o seu estado intuitivo superior.

É muito importante que todas as pessoas aceitem o estado intuitivo no nível em que isso lhes for possível, mesmo se elas aceitarem apenas o nível psíquico instintivo, que é um atributo animal. Essa aceitação faz com que elas entrem em sintonia com a mente superior, com o eu da alma, e isso dá início a uma reverberação de luz na pessoa. Ao fazer isso, as dificuldades e medos dessa pessoa se transformam, e ela passa a ter acesso, através das áreas de comunicação da garganta, aos estados intuitivos dos chakras da coroa e do terceiro olho. Quando vocês compreenderem isso, compreenderão também a necessidade de purificação dos níveis dos chakras inferiores, o que representa um enorme passo para uma mudança nos rumos da evolução do homem.

A radiância intuitiva é de suma importância para o senso de direção de vocês. Conquanto algumas pessoas tenham se sentido desorientadas, quando elas começarem a se ligar à sua radiância intuitiva, elas superarão esse sentimento. E a força que existe por trás dessa radiância intuitiva é pura magia!

Os centros intuitivos da cabeça se abrirão naturalmente se tiverem o estímulo, a energia interior necessária para que possam purificar a energia. O material antigo, como vocês o chamam, tem de ser removido. Devemos enfatizar que não se trata de uma questão emocional e que, embora estejamos falando de medo, não estamos nos referindo ao medo emocional como vocês o entendem. Cada parte da estrutura de vocês acumulou sua energia através da experiência, e a evolução de todas as coisas vivas ocorreu através dessa experiência. Se o clima se altera, o corpo muda, porque precisa fazer isso para sobreviver. Trata-se de um processo automático. Entretanto, como o homem tem sido incapaz de se livrar do seu próprio medo, esse sentimento expandiu-se, infiltrando-se nos chakras emocionais e, conseqüentemente, criando todos os problemas que afligem a humanidade. Conquanto nunca se tenha pretendido que as coisas ocorressem dessa maneira, isso trouxe um benefício: fazer vocês passarem por experiências que, talvez, não pudessem ter sido previstas, mas que contribuíram para fortalecê-los de uma forma que não ocorreu com outros seres de outros universos.

Agora é o momento adequado para a purificação do profundo medo celular do homem, o qual é diferente do medo emocional. Como vocês já sabem, essa purificação não é feita por meio da meditação, por mais profunda que ela seja, mas só quando vocês se dispõem a simplesmente deixar que esse medo se vá. A purificação é resultado da boa vontade, que está ligada à honestidade, à integridade e a uma completa dedicação à verdade interior. Isso vai fazer com que vocês se abram para purificar o centro do plexo solar e se deixem impregnar pela força da luz.

Prestem atenção à palavra "impregnar". Imaginem, no interior do centro do sacro, o conceito de luz. Nesse conceito de luz, as células produzidas nessa área iluminam-se e podem contribuir para o processo de nascimento de uma nova humanidade; a impregnação de luz no interior das células dissolve, queima, depura e purifica todos os remanescentes do "material antigo". É por isso que os sonhos das pessoas, suas expectativas, seu reconhecimento da luz e das possibilidades que ela cria são fundamentais para o nascimento da nova criança.

Muito trabalho tem sido feito para que nasça essa nova criança. Vocês estão sonhando com a criação de um novo ser, que estará em ressonância com a própria força e poderá ser independente logo após o nascimento. Dentro de muito pouco tempo vocês chegarão a uma situação em que os bebês recém-nascidos não precisarão ser amamentados por um longo tempo. Eles começarão a andar em pouco tempo, porque não terão nenhum tipo de dependência. Eles nascerão independentes em sua própria luz. Essa mudança vai tornar desnecessária algumas das antigas tarefas das mulheres. A energia feminina é de grande importância, tal como a masculina, pois juntas elas mergulham em luz a energia divina, o espírito santo, a trindade de energia que cria unidade — e vocês simplesmente não podem ter a unidade sem a ligação da dualidade de energias. Essa informação mística está chegando ao conhecimento de vocês num nível muito profundo, de sorte que a purificação da energia do sacro, ao eliminar os vestígios do passado, dá a vocês o real significado do poder do homem. Esse poder, que tem sido dedicado às questões sexuais, vai agora estender-se e harmonizar-se com o mundo espiritual. Isso vai elevar o poder energético e o instrumento da verdadeira soma de energias que há dentro de todos vocês, homens e mulheres. Isso irá acender a chama inferior das energias do sacro além dos desejos inferiores e, não obstante a vontade e o verdadeiro desejo de progresso espiritual presentes ao se desejar uma criança, isso vai ocorrer agora de um modo muito comovente e será uma grande experiência.

A chama acesa ascenderá através do centro do chakra que não tem nenhum bloqueio. A chama que tentou ascender através de bloqueios criou uma experiência pouco saudável, e a energia "implodiu", criando o que poderíamos chamar de fuligem e sujeira nas áreas inferiores. Mas agora a chama vai fluir através do corpo como se subisse por uma chaminé, passando pelo plexo solar, sendo iluminada pelo coração, subindo pela garganta e tocando as energias intuitivas na cabeça. Vocês terão as verdadeiras manifestações dos desejos através da combinação das energias intuitivas com as chamas do sacro.

Não há nada de errado com o desejo quando ele está em sintonia com o amor. Vocês têm o desejo que cria os sonhos e que, agora, cria matéria. Vocês estão aptos a passar por uma situação em que a consciência superior — em vez de descer dos planos superiores e ser recebida por vocês — surge na verdade de dentro de vocês, numa ação positiva. A realidade dos sonhos agora também se origina de dentro de vocês e não de fora. No passado, a consciência superior chegava até vocês a partir de fora apenas por causa dos bloqueios. A recepção da consciência superior, vinda de cima, era passiva, ao passo que, agora, a consciência superior chega a partir de dentro e é positiva. Portanto, neste momento, começa a ocorrer em vocês a verdadeira união dentro do corpo, dentro dos chakras que vibram na luz, e a verdadeira união de mãe/pai/filho/espírito santo/deus-força. Por esse fato, pode se tornar possível e relevante para os seres humanos a procriação dentro de si mesmos. Mas isso é algo para acontecer em outra época, num outro lugar e, por enquanto, não há motivo para vocês se preocuparem.

Quando um movimento é feito, ele altera todos os

outros movimentos. Um pequeno movimento muda as possibilidades do futuro. As possibilidades do futuro são enormes e, quando começarem a passar para os níveis da consciência superior, vocês compreenderão que as possibilidades são imensas; mesmo assim, vocês não estarão ligados aos acontecimentos porque saberão que estão a salvo.

Vocês têm imagens arquetípicas de homens e mulheres com varinhas de condão. Essas imagens simbolizam a união de que falamos e a varinha mágica é, na verdade, a união de forças. É por isso que, mesmo há algum tempo, dissemos-lhes para tomar cuidado com os pensamentos, pois, mesmo antes da fusão dessas forças, os pensamentos estavam começando a produzir ações e a se tornar mágicos.

Uma vez acesa a chama, não haverá nenhum bloqueio à total união com a unidade do espírito e com a unidade de toda a espécie humana. Não se considerem inferiores a Deus — vocês não são inferiores a Deus. Vocês e o potencial de vocês formam uma unidade com Deus, e a percepção dessa unidade é o que fará com que as energias da Terra e do espírito, plenamente desenvolvidas, fundam-se em uma só. Quando isso acontecer, vocês verão a mudança, a mudança física no homem, porque o chakra de base lida com a energia da pura carne física; e à medida que ocorrer a unidade da criação entre as chamas do centro sexual e a magia intuitiva, vocês poderão literalmente criar o corpo que desejarem.

Vocês já começaram a falar sobre corpos de luz, corpos semelhantes a estrelas, corpos transparentes. Já está se infiltrando na consciência humana a idéia de que o processo evolutivo está transformando o corpo humano e que vocês podem de fato viver tanto tempo quanto desejar. A carne e os ossos do corpo humano estão se tornando luz, literalmente, verdadeiramente luz, e eles estão fundindo-se em harmonia com a força da luz. Nesse estágio, vocês não vão de maneira alguma romper as ligações com o corpo físico, mas vão usar o estado físico para passar por experiências, para ter aventuras no tempo e no espaço, tanto neste planeta quanto em outros. Essa será a criança-estrela do futuro. Essa criança-estrela não terá sua origem nas estrelas, mas na união interior entre vocês e a luz.

Com que rapidez vocês mudaram! Considerem apenas a rapidez com que a consciência humana está mudando, com que rapidez essas mudanças estão criando esse novo ser humano. Os sonhos de vocês serão realizados com a ajuda dos seres que já são luz. Sobre isso vocês terão controle. Nada nem ninguém vai tirar esse controle das mãos de vocês. Mas vocês, neste ponto, estão se unindo aos seres de luz e, portanto, eles são seus irmãos, seus gêmeos, e vocês os aceitam e os amam sem limites, sendo também guiados por eles. Hoje existe total confiança. Essa transformação está ocorrendo de modo gradual, embora cada vez mais rapidamente. Mesmo os governos e os políticos estão começando a refletir essas manifestações superiores.

Muito se falará sobre responsabilidade pessoal, a qual será traduzida por alguns de uma forma muito mundana; todavia, esta é um reflexo da verdadeira responsabilidade de cada pessoa. O fato de estar em união com Deus não diminui a individualidade de cada um de vocês, mas aumenta-a, pois vocês conhecerão a união de vocês com tudo o mais e, portanto, todos farão parte da mesma unidade.

Vocês podem sentir e tocar o movimento físico da energia no interior de uma árvore porque as árvores são entidades vivas que estão refletindo a transformação do homem. Observem as árvores e ouçam sua silenciosa imobilidade, que não é destituída de ação. Não há nada no universo que seja destituído de ação; mesmo na mente de Deus, a silenciosa consciência da força Deus/alma, existe ação. É uma dicotomia para vocês a afirmação de que mesmo na imobilidade há movimento e que, no movimento, há imobilidade. No movimento do ser humano, haverá silêncio e imobilidade.

Observem quantas atividades vocês fazem fisicamente. Notem quantas coisas vocês fazem num único dia. Vejam com que rapidez o tempo parece estar correndo. No entanto, vocês estão imóveis, estão inteiros. Vocês são os mesmos nesse movimento, nesse tempo e nesse espaço. Vocês já são uma unidade!

Comecem a usar a magia de vocês, comecem a usar o raio de luz. Comecem a usar a intuição, de forma consciente e positiva. Vocês não vão cometer erros. Vocês não farão mau uso do poder porque o desejo de buscar o bem que vocês têm no coração não vai deixar que isso aconteça. Não tenham medo de usar o poder que vocês acabaram de descobrir. Não se mostrem receosos, ainda que os outros possam criticá-los. Vocês conhecem o fogo e, através desse conhecimento, têm o poder. Vocês acaso irão rejeitar todo esse mundo de conhecimentos por medo, por ideais, por causa das críticas dos outros? Usem a magia!

• 11 •

O Centro do Equilíbrio

Procurem buscar no coração as palavras de que precisam. Aprendam a ouvir: esse é o desafio. Ouvir, não o exterior, mas o interior. Em termos de audição, vocês têm sido treinados para ignorar a percepção de ruídos exteriores produzidos pelo tráfego, pelos aviões e pelas pessoas que os aborrecem. Vocês bloqueiam esses sons e, em conseqüência disso, muitos de vocês não compreendem a arte de ouvir. Ouvir os sons que vêm desse calmo silêncio interior, ouvir e estar ligado a esse silêncio faz com que vocês não apenas ouçam as palavras, mas saibam — conceitualmente — aquilo que vocês precisam saber, onde precisam estar e quem realmente vocês são num determinado momento. Esse conhecimento, então, comunica-se, por meio do terceiro olho, com o cérebro, o qual, em seguida, o traduz para a mente consciente.

Uma série de camadas — uma série de estradas e pequenas trilhas que saem dessa estrada — que existe dentro de vocês têm de ser percorridas para que as energias cheguem à mente consciente. É claro que, se houver um desequilíbrio nesse processo, ou qualquer tipo de energia negativa ou bloqueio, como em geral acontece, então o foco dessa informação é traduzido incorretamente para o estado humano. Não se preocupem com isso porque, apesar de tudo, vocês parecem ter a capacidade de sentir esse caminho e, com o tempo, vão conseguir estabelecer contato com a verdadeira mensagem. Embora esse processo possa dar a impressão de ser um tanto desajeitado, ele na verdade acontece com a velocidade da luz. Assim, a mente intuitiva, o estado intuitivo, são importantes como receptores do verdadeiro conhecimento interior.

A informação não chega à mente intuitiva; ela chega por meio da mente superior. É o estado intuitivo que a recebe e a traduz para a mente consciente. Vocês têm diferentes palavras para designar esse fenômeno. Os psicólogos chamam a isso de subconsciente, e vocês elaboraram complexos termos para identificá-lo, em especial nos últimos 50 ou 100 anos, quando algumas pessoas tentaram dar a esse fenômeno uma conotação intelectual. Todo um processo de percepção foi construído com base na descoberta dessas camadas do Eu. De certa forma, não há nenhuma necessidade de que vocês o compreendam, embora sempre seja útil compreender ou perceber que há um processo.

"Regular" instrumentos da mente intuitiva é uma excelente providência porque, quando vocês receberem a informação, ela encontrará um "caminho livre". Para isso, vocês precisam ter um coração puro e harmonioso, e uma energia limpa e ressonante vinda dos chakras inferiores, principalmente a energia de ligação com o centro inferior, o chakra do sacro; este, livre no seu verdadeiro estado, restaura, limpa e purifica todos os outros centros, além de impulsionar a energia para a região do terceiro olho. Como resultado disso, muitas pessoas atualmente estão descobrindo seu estado intuitivo, suas faculdades psíquicas. O perigo dessa descoberta é a possibilidade de se tomar um rumo errado na suposição de que ela signifique alguma outra coisa.

Muitas pessoas supõem que são, de alguma maneira, especiais porque têm faculdades psíquicas ou porque têm algum propósito especial determinado por Deus. Todos vocês têm um propósito especial dado por Deus. Todos vocês têm o Deus interior. Essa suposição foi feita porque vocês não têm como compreender esse processo de forma consciente; todavia, se vocês reservassem algum tempo para entrar num estado no qual pudessem ouvir, vocês então descobririam o verdadeiro potencial de vocês e perceberiam que ele é único, sim, porque vocês todos são únicos, e todos estão se unindo à mente superior.

Em termos de energia, a área que vocês mais usam para "ouvir" é, obviamente, a garganta. Como o "nível espiritual" do homem está passando do coração para a garganta, a energia da garganta é de fundamental importância para o novo estado da humanidade. É irônico que o centro da audição contenha a energia que, quando captada, faz com que vocês percebam coisas que estão além do estado humano, do estado tridimensional. Vocês podem, então, começar a perceber a mente superior e, aos poucos, através da expansão do eu, descobrir a riqueza de conhecimento, o propósito dele e o estado de vivacidade interior. Vocês também começam a descobrir que todas as coisas à sua volta, que vocês aceitam como estáveis, firmes e seguras, são na verdade móveis e têm vida. Tudo tem vida. Tudo tem movimento. É a percepção do movimento de todas as coisas à sua volta que faz com que percebam as possibilidades superiores que todos vocês agora têm.

Vocês estão despertando para a descoberta dessas possibilidades que não estão necessariamente ligadas a coisas que vocês estejam fazendo, mas a coisas que são possíveis. Como não existe nenhuma estrutura, o conjunto da vida no cosmos é um movimento, um estado vivo; tudo está em movimento, até mesmo vocês, quando sentados em uma cadeira. Há movimento interior. A cadeira está se movendo e vocês estão se movendo no tempo e no espaço. Vocês estão se movendo mesmo dentro das próprias dimensões de vocês, e existe movimento no fluxo das células e do sangue.

Há, em todo o cosmos, um movimento constante. O cometa que colidiu com Júpiter, em julho de 1994, foi relativamente pequeno em comparação com outros movimentos e mudanças. Para vocês, ele foi um grande acontecimento, mas essas ocorrências não são incomuns. Nada é estático, nada permanece para sempre no mesmo lugar. A própria Terra está se movendo, à grande velocidade, em torno do próprio eixo e através do espaço.

O sentimento de desorientação e de alheamento que muitos de vocês sentiram recentemente deve-se ao fato de vocês estarem percebendo esse estado fluido num nível profundo e, às vezes, antes mesmo que ele atinja a consciência. Algumas pessoas se sentem desnorteadas até mesmo no nível físico. Muitos de vocês estão se perguntando: "O que está acontecendo?" Muitos estão confusos. Nós lhes dizemos: não fiquem confusos; mantenham-se centrados em si mesmos, conectados; ouçam. Vocês vão saber, não por causa do que estamos dizendo, nem mesmo do que possa vir a dizer qualquer mestre ou guia, mas pela própria ressonância de vocês, pelo seu próprio ser. Por que tantos de vocês relutam em confiar em si mesmos quando têm total independência de espírito, quando vocês têm todas as coisas de que precisam? As coisas estão aí para todos vocês. As ligações estão aí. É isso o que estamos tentando lhes comunicar agora.

O ser humano tem o livre-arbítrio, mas não se dá conta de que a sua vontade trabalha a favor dele, quando ele permite. Por que vocês se deixam arrastar por aí como folhas ao vento? A estabilidade está em vocês. Quando falamos em estabilidade não estamos falando de inércia; falamos da sensação de estar em completa segurança. Porque vocês estão em segurança. Usem toda a vida de vocês como uma meditação — não como um estado alterado de consciência, mas como um foco da existência.

As mudanças na estrutura deste planeta já estão em curso. Há muita evidência no globo terrestre de chuva e água e, no começo de 1995, muitas inundações ocorreram em todo o mundo. Esse é apenas um aspecto da mudança atmosférica que está ocorrendo. O Sol também será mais brilhante e, por causa das mudanças na atmosfera, vocês terão de ter cuidado com a pele; para isso, porém, basta que fiquem atentos.

Não queremos predizer outras mudanças; de qualquer maneira, em termos de mudanças planetárias, não se pode fazer previsões exatas. Se vocês atirarem um baralho para o ar, não lhes será possível ter absoluta certeza do local exato em que uma determinada carta vai cair! Movimentos e padrões mutáveis estão sempre ocorrendo. Por isso é tão importante — principalmente nesta época, em que grandes mudanças, inclusive estruturas, são prováveis em muitos níveis — que todos vocês ouçam a si mesmos, que estejam centrados e que se sintam seguros nesse estado centrado.

Compreendam que todos vocês são livres. Vocês não estão presos a esta época, a este lugar. Vivam, aproveitem e amem a existência humana. Quanto mais vocês amarem o estado humano em que se encontram, quanto mais se entregarem a ele, mais vocês poderão receber. O processo de expansão, nesse caso, é maior, mas vocês não estão de modo nenhum presos dentro desse plano tridimensional.

Algumas pessoas estão se sentindo cansadas em conseqüência dessas muitas mudanças. Na maior parte dos casos, esse cansaço vai desaparecer porque ele decorre da ligação com o estado físico. Isso é difícil de explicar, pois não queremos que vocês presumam que vão abandonar o estado físico; na verdade, voltamos a enfatizar, o estado físico vai continuar; ele mudará, mas vai continuar. Se vocês se concentrarem na quietude silenciosa que há dentro de vocês, vão descobrir que os seus níveis de energia são muito melhores do que jamais foram. A energia vai chegar até vocês de forma irregular. Compreendemos a preocupação de vocês, mas tudo tem a sua maneira própria de se equilibrar — e os seres humanos não são diferentes: vocês vão se equilibrar em termos de energia.

O coração é o centro desse equilíbrio. Essa é a razão pela qual o centro do coração é tão importante hoje. Embora estejam em constante movimento, todas as coisas estão sempre se equilibrando, de modo que há equilíbrio e movimento; isso talvez lhes pareça uma contradição, mas não é. Trata-se de coisas iguais e opostas. Há uma força positiva e uma negativa, uma masculina e outra feminina, sempre procurando se ajustar em seu próprio equilíbrio, e isso também está ocorrendo dentro do corpo humano.

Trata-se do equilíbrio entre as forças inferiores e superiores, entre o espiritual e o físico, entre o invisível e o visível. O invisível só é invisível porque a maioria de vocês ainda não desenvolveu os seus próprios instrumentos. Mas vocês estão começando a desenvolvê-los, de modo que algumas das coisas invisíveis estão se tornando visíveis com muita rapidez. Ironicamente, o cansaço traz com ele certa falta de interesse; pode-se dizer que vocês não se importam mais. Essa avaliação é correta num estado inferior, numa maneira inferior de observar a vida. Mas o desvelo incondicional está predominando. Por isso, vocês começam a prestar menos atenção àquelas coisas que desenvolveram ao longo de toda a existência kármica, para dedicar-se muito mais a coisas importantes, concretas e verdadeiras. Assim, na vida física, muitos de vocês têm a impressão de não se importar mais com nada, mas isso não é verdade. Vocês estão de fato ficando mais realistas, devido ao estado de equilíbrio em que se encontram.

Para ajudar vocês, propomos a todos um pensamento: ao respirarem, façam o ar entrar pela garganta. Liguem-se com o céu através da garganta; liguem-se à energia dos espaços abertos e, assim, vocês vão saber que tudo é infinito, que não existe um fim, um teto, uma estrutura. Por isso, dêem amor a si mesmos; envolvam-se em amor. Ouçam e sintam esse amor.

• 12 •

A Visão Panorâmica

Para aqueles dentre vocês que acham que nada está acontecendo, é bom saber que muita coisa está acontecendo, movendo-se e mudando. Vocês estão passando por mudanças sutis, porém muito reais — em cada parte de cada célula viva. Vocês não são os mesmos que eram no ano passado, e o planeta também não é o mesmo. Vocês sentiram o passar do tempo e também tiveram a sensação de que o tempo está passando mais depressa. Na realidade, o tempo de vocês está passando mais devagar; mas, o que é a realidade? Realidade é aquilo que vocês percebem. Aquilo que vocês sentem é a realidade. Muitos dentre vocês estão à espera de mudanças físicas extraordinárias. Todavia, essas mudanças físicas já ocorreram e continuam a ocorrer. Elas ocorreram no corpo humano e nas plantas — diferentes espécies surgiram e outras desapareceram.

Para ver tudo isso, vocês precisam ter uma visão panorâmica, uma perspectiva maior. Muitos de vocês não conseguem perceber essas mudanças porque estão olhando apenas ao redor de si e não estão vendo claramente. Se vocês tiverem uma visão panorâmica, poderão ver as mudanças com muita clareza. As águas estão mudando. Não estamos nos referindo ao fluxo das águas, mas à substância da água; as moléculas contidas na água mudaram e continuam a mudar. A água é de fundamental importância para vocês. Ela também muda e se desenvolve, e as várias moléculas da água agora estão mudando a água que vocês bebem. A umidade absorvida pela pele, por sua vez, está mudando as células do corpo humano.

A esperança que vocês têm no que concerne a um mundo melhor será realizada. O mundo está ficando melhor do ponto de vista de vocês. Porém, lembramos-lhes de que o mundo kármico se destina a fazer de vocês "seres melhores". O mundo kármico serve para proporcionar-lhes experiência. Vocês têm passado pela roda kármica da experiência, e, em conseqüência disso, têm acumulado o que vocês costumam chamar de força espiritual; mas o propósito do mundo kármico não é fazer com que vocês melhorem nem desenvolvam força espiritual — ele serve para proporcionar-lhes experiência. Só por meio da separação vocês podem experienciar a si mesmos. Uma divindade dividiu-se em trilhões e trilhões de incontáveis espécies diferentes — uma das quais é o ser humano — e, ao fazer isso, a divindade passou a conhecer a si mesma.

Existem numerosas combinações e possibilidades de vida. Vocês são parte dessa divindade e, por meio da divisão dessa divindade em várias partes, vocês percebem importantes aspectos de si mesmos. É a isso que nos referimos quando falamos de escolha das experiências. Cada minúscula célula é parte desse todo. Cada planeta é parte desse todo. Cada Sol, cada sistema solar, cada galáxia, tudo o que existe é parte da divindade. A diferença, agora, é que as coisas que a percepção do homem reconheceu como mal — e que ele denominou assim — não são o mal; na realidade, elas são um bem, porque o suposto mal permitiu que a experiência as fortalecesse. Quando vocês finalmente perceberem isso, vocês acabam com a separação, com a polaridade entre bem e mal, pois na realidade essa separação não existe. Na verdade, tudo deriva do todo. Se vocês compreenderem que a dor, o mal-estar, a ansiedade e, até mesmo, o terrível mal que vocês vêem em torno do planeta fazem parte desse processo, a sensação de medo poderá se dissolver. Quando o medo for eliminado vocês enxergarão a verdade e, então, poderão deixar para trás a experiência kármica e seguir adiante, rumo a uma realidade maior ou diferente. Voltamos a perguntar: "A lagarta sabe que um dia será borboleta, e a borboleta lembra-se de quando estava presa à terra como lagarta?"

Existem muitas facetas no que vocês chamam de diamante. Da mesma maneira, muitos de vocês agora estão percebendo freqüências de energias que já foram desconhecidas para o homem, embora sempre estivessem presentes. Vocês estão percebendo energias na Terra. Vocês estão percebendo a existência de energia até mesmo em seixos e em rochas que, pouco tempo atrás, para muitos de vocês, pareciam ser apenas matéria morta. Vocês estão despertando para as propriedades dessa rocha, para a energia de um simples seixo; vocês podem sentir a energia que existe debaixo dos pés de vocês e ligar-se a ela. Vocês podem se comunicar com essa energia. Ela é irmã de vocês. E, com essa comunicação, vocês vão ficar mais conscientes de possibilidades que, há algumas semanas, vocês não poderiam sequer imaginar. Não existem limites!

Muitos de vocês já passaram pela experiência de receber mensagens de seres extraterrestres. Eles também fazem parte do todo e, nessa comunicação, há alegria e, às vezes, devido à dificuldade de compreensão, também sofrimento. Às vezes as pessoas ficam aterrorizadas. Mas vocês vão acabar se entendendo e se desenvolvendo na presença um do outro à medida que essa comunicação se tornar mais completa, com uma quantidade muito maior de energia cósmica.

Queremos estimulá-los a ver as coisas de uma perspectiva mais ampla. Queremos incentivá-los a deixar para trás o sofrimento. Tudo o que vocês têm a fazer para renunciar ao sofrimento é saber que tudo é bom. É chegada a hora de pôr um fim ao sofrimento, e isso faz parte da purificação.

As árvores das florestas do mundo inteiro, sensíveis como são esses grandes seres, reconhecem essa mudança. Seus ramos e folhas sentem o cheiro das correntes mutáveis de ar e de energia. Portanto, se vocês quiserem realmente observar o planeta como uma força vital física, tudo que vocês têm a fazer é observar as árvores. Liguem-se às energias delas, falem com elas; as árvores falarão com vocês e terão muito a dizer, embora vocês não precisem saber dessas coisas. Tudo o que vocês precisam saber é que vocês são perfeitos da maneira como são hoje e como quer que venham a ser no futuro.

Temos tomado muito cuidado para não desencaminhá-los, para não deixar que vocês tomem caminhos que os afastem de uma percepção consciente cada vez maior. Algumas pessoas, com sua incrível curiosidade, cavam, exploram e sondam; aprendem coisas e sentem a diferença entre as energias, e isso é bom. Mas, quando essas coisas levam vocês a trilhar o caminho do medo, sob um outro nome, então elas não são boas. Como a libertação do medo é imediata, é muito fácil vocês caírem nessa armadilha. Não estamos tratando do pensamento positivo propriamente dito, mas do que há de positivo nas palavras de vocês. Estamos falando de experiência.

Falamos, antes, que vocês eram como crianças brincando com fósforos; dissemos que vocês poderiam se queimar e, de fato, alguns tiveram esse destino, por perderem tempo com atrocidades, com o movimento, para proteger e salvar vidas. A vida de vocês está salva. Como se pode salvar alguma coisa que nunca vai morrer? Com essa atitude, tudo o que vocês conseguem é causar ansiedade. Lembre-se de que a possibilidade de expansão é grande, que vocês podem mudar e se elevar acima das coisas mundanas; lembrem-se disso com clareza, mas não deixem que o exagero os faça acreditar em falsidades.

Almas doces que são, vocês não percebem que, ao se relacionar com as outras pessoas, vocês estão se comunicando com elas. Se se comunicam com a luz e com a essência dessas pessoas, vocês deixam que a ressonância do poder e da bondade venha à tona. Vocês não conseguem nada de bom relacionando-se com a negatividade e com o medo; se fizerem isso, vocês prejudicarão a si mesmos. Cada um de vocês, dentro do coração, tem de perceber as próprias possibilidades, realizar o potencial que têm e fazer uso dele. Que bem pode fazer um poder que é mantido oculto? Usem esse poder para estimular o desabrochar do magnetismo da luz em uma outra alma.

O mundo de vocês está sendo observado, e ele é fascinante aos olhos de outros seres. Assim como às vezes vocês se sentam e observam um formigueiro, perguntando-se sobre sua força, seu propósito e sua existência, vocês também são observados com carinho e amor em tudo o que fazem. Há um mistério nas coisas que vocês fazem e, no entanto, só é possível ver um padrão perfeito observando a partir de cima, à medida que todas as coisas se fundem com perfeição, criando variadas cores no caleidoscópio da vida. Só quando vocês ativarem a mente para além desse ponto — para além de si mesmos — é que poderão ver quem vocês são realmente.

A ironia disso é que, quando isso acontecer, vocês vão perceber que a missão de cada um de vocês deve ser cumprida no lugar em que vocês estão, fazendo aquilo que vocês estão fazendo neste momento. Alguns de vocês já tiveram uma amostra de um mundo em que tempo não existe, tal como vocês o entendem. Alguns de vocês já começaram a trabalhar com o novo raio de vida. Não é incrível que tudo de que vocês precisam está no exato lugar em que vocês se encontram?

O mundo de vocês mudou. É impossível viver de acordo com os velhos costumes. O novo mundo já começou e uma nova raça está surgindo. Aqueles dentre vocês que aceitaram o desafio de encarnar na Terra neste momento, vão testemunhar esse novo e maravilhoso nascimento!

Mantenham lúcida a mente. Poderá parecer-lhes estranho o fato de vocês não estarem ligados à experiência do karma; vocês talvez tenham a sensação de ter perdido alguma coisa. Vocês não perderam nada; algo simplesmente se foi. Onde está a luta? Onde está o objetivo?

O Objetivo é Você

O objetivo é a continuação da experiência de vocês em outro tempo, em outra dimensão e em outra verdade.

Em algumas ocasiões vocês vão se sentir perdidos e sozinhos ao entrar nos novos domínios, mas isso só ocorre porque vocês estão tentando agir como faziam no passado. Deixem o passado para trás — caminhem para a frente, porque esse é o objetivo de vocês. As separações no nível emocional podem deixá-los com estranhos sentimentos e, não obstante, a verdadeira compaixão e o verdadeiro amor poderão finalmente ser partilhados.

Todos vocês têm todas as respostas dentro de si. Vocês têm a maior biblioteca, o maior computador, a maior fonte de informações dentro de vocês, pois todos têm, no coração, uma centelha da divindade original — e cada centelha sabe o que todas as outras estão fazendo, onde elas se encontram e o que estão moldando.

A coisa mais importante a ser lembrada é: ouçam o coração de vocês. Estão ocorrendo mudanças, vocês e o planeta estão mudando e isso exige que haja mudanças naquilo que vocês consideram ser estruturas, embora na realidade essas estruturas não existam. Na realidade, tudo flui, todas as coisas estão em atividade. Tentem interromper qualquer atividade e vocês encontrarão uma enorme resistência, porque vocês estão resistindo ao fluxo da vida. Sim, o ritmo da Terra vai mudar, assim como vão mudar o tempo e o lugar que ela ocupa, tal como vocês os entendem. Sim, outros planetas da morada dos homens, que vocês chamam de sistema solar, vão mudar e, assim, também mudará a maneira como vocês sentem e percebem as coisas; na verdade, a experiência física é que mudará. Não podemos dizer-lhes quando isso vai acontecer porque para nós o tempo não existe, e quando vocês estiverem entrando na zona atemporal, vocês também não viverão de acordo com ele. Poderíamos dizer que tudo isso acontecerá muito em breve. Mas o que é "muito em breve"? O campo magnético do ser humano já se modificou, estabelecendo uma diferente dança nos céus. Portanto, acompanhem-na. É importante observar isso. Todo o sistema de vocês já está se movendo de forma diferente, e a maioria de vocês presenciarão, fisicamente, certo movimento e algumas mudanças nesta existência. O padrão do caleidoscópio modifica-se; não podemos dizer como será esse padrão em determinado lugar ou tempo porque, na nossa realidade, não existe tempo. As energias mutáveis se transformam constantemente, e isso é tudo.

Vocês agora estão passando por muitas coisas que não são certas nem erradas. Para alguns, a experiência existe para ser vivida, e assim será. Uma vez estabelecida a comunicação entre diferentes energias, ela nunca poderá ser interrompida, ainda que possa ser esquecida. Há muitas áreas de vórtices; elas não estão limitadas a um só local. Existem áreas que são mais favoráveis à comunicação entre elementos e espíritos diferentes — entre diferentes essências da vida à qual todos vocês pertencem. Ouçam o verdadeiro coração de vocês e compreenderão que podem estabelecer a verdadeira comunicação com todos os seres de luz, onde quer que vivam, onde quer que vocês estejam. Deleitem-se com o que quer que vocês estiverem fazendo.

Se vocês, ao tomar uma gota de água, a impregnarem com a energia do coração, terão o remédio perfeito. A separação das moléculas faz parte da experiência, mas tudo o que vocês precisam está dentro de uma molécula apenas. Essa é a verdade. Se um de vocês percebe alguma coisa, isso passa a fazer parte da consciência coletiva. A água é vida neste planeta e ela é importante para o desenvolvimento físico do homem. Se vocês seguirem o fluxo da água, ele lhes dará grande inspiração. Todas as coisas refletem todas as outras e a água é um elemento refletor. Ela tem muito a ensinar-lhes. Suas propriedades são importantes no plano físico; a absorção de minerais dentro de suas moléculas é aprimorada em alguns lugares — é muito difícil explicar isso a vocês neste momento em que vocês deparam com aquilo que consideram sujeira ou poluição; coisas que vocês consideram ruins. É muito difícil para nós, então, dizer que isso não é ruim; trata-se apenas de uma outra faceta de todas as outras coisas. Todavia, se vocês considerarem a poluição — que vocês vêem como o mal — como parte de vocês, como parte da luz, vocês vão transcender a doença que, a seu ver, é trazida por ela — mas vocês precisam ter esse conhecimento no coração de vocês. Não advinhem, não pensem, não idealizem — mas saibam intuitivamente. Quando souberem, vocês poderão transcender aquilo que consideram ser o mal, porque o mal é na verdade um outro reflexo de vocês mesmos. Isso não significa que vocês não devam querer o bem do planeta. Se amarem a Terra, vocês nunca terão poluição. Isso é tudo.

• 13 •

A União entre Espírito e Matéria

O chakra da coroa, como vocês o chamam, é a ligação do ser humano com o divino. Essa afirmação não é incorreta, mas, à medida que a consciência móvel e mutável se expande, o centro da coroa torna-se capaz de se adaptar a todos os aspectos do mundo e do universo, deixando que luzes de diferentes freqüências entrem em várias épocas e lugares diferentes. Vocês, portanto, estão se tornando seres multidimensionais.

Vocês já ouviram essas palavras, mas não compreendem plenamente o significado delas. Ser multidimensional é aquele que não tem uma forma específica. Ele poderia se manifestar nas mais estranhas formas, tanto físicas como espirituais. Vocês imaginam que ele seja mais como uma forma espiritual, mas agora este planeta pode acomodar esse estado multidimensional na sua estrutura, de modo que centelhas de luz enchem e estimulam toda a região da cabeça de vocês. Elas não só desenvolvem o cérebro e a mente humanos, mas põem vocês em contato com a simetria e os padrões do cosmos. Vocês já passaram pessoalmente por essa experiência. Isso ainda não pode ser imaginado, embora possa ser percebido sem a experiência. Mas perceber isso sem a experiência significa muito pouco — representa só um eco do estado real.

O estado real é a capacidade de ser tudo ou nada — de fazer parte de tudo e de nada e, ainda assim, viver na estrutura do corpo físico. Essa talvez seja a melhor ilustração daquilo que estamos tentando transmitir. O importante é a comunicação, a ligação e o amálgama de espírito e matéria. Assim, o centro da cabeça, nesse ponto, não apenas se abre, mas fica completamente desbloqueado. Não há nenhuma passagem, nenhuma porta de entrada. Ele apenas é. Vocês simplesmente tornam-se. Uma vez mais, alguns ouvirão essas palavras, mas não as considerarão verdadeiras. Todavia, o próprio eco dessa realidade é um importante indício daquilo que agora é possível.

Assim, nós perguntamos a vocês: por que se preocupar com essas coisas que estão em torno de vocês, mas que têm tão pouca importância? Não estamos querendo dizer que vocês devam abrir mão da responsabilidade que vocês têm na matéria. O que dizemos é: vivam na matéria e continuem a fazer o que precisa ser feito hoje. Não se deixem levar pelas histórias acerca da expansão e do conhecimento superior quando, na verdade, meus queridos, esse conhecimento está dentro de vocês. Não há nada de mal se vocês se sentirem atraídos por coisas que parecem inacreditáveis ou espantosas. No entanto, isso em nada contribui para a verdadeira compreensão do cosmos, pois elas apresentam a vocês apenas uma minúscula parte do quadro geral, e essa fração não os ajuda a enxergar o todo.

Nesta época, é fascinante observar alguns detalhes da vida e certas energias, e vocês agora sabem que existem muitas energias diferentes. Contudo, as energias em si — onde quer que estejam e independentemente da forma que tenham assumido — fazem parte do cosmos como um todo, cuja expressão é enorme. Ele tem formas que transcendem os sonhos mais fantásticos. Tivemos de trabalhar um pouco com a médium, e as experiências dela têm sido importantes para que essas informações possam ser assimiladas. Enfatizamos que esse não é um estado especial para ela ou para qualquer outra pessoa, pois esse estado especial está dentro de todos vocês.

Não existe ninguém que seja especial; vocês são pessoas especiais porque cada um de vocês, cada minúsculo fragmento de energia, é de grande valor, e só agora é que vocês podem perceber isso como uma realidade e não apenas como um conceito. Portanto, só agora é que de fato vocês compreenderão o que estamos tentando incutir-lhes. Nossas palavras têm como único objetivo ajudá-los quando tudo isso começar a acontecer — para vocês compreenderem que estão seguros, que o que vocês sentem e sabem está mesmo certo. Vocês não podem saber por meio das palavras que nós lhes transmitimos, mas podem ler estas palavras com interesse.

Em algumas ocasiões, vocês podem até mesmo sentir a energia que chega com as palavras, mas não poderão compreendê-la só por meio da palavra. Na melhor das hipóteses, elas refletem o cosmos, mas ainda assim não podem ensinar-lhes nada. Vocês só vão compreender plenamente quando as experiências pessoais de vocês assim permitirem. Este é o momento de dizer a vocês o que estamos dizendo porque, um a um, vocês estão se tornando iluminados e, por isso, vão lembrar-se das palavras que leram e vão perceber o seu verdadeiro significado.

Cada recanto e cada parte do cosmos são queridos. Vocês falam, à maneira de vocês, de uma gota no oceano, e cada gota, onde quer que caia, mesmo as gotas de cor escura — tal como vocês entendem a escuridão — são amadas. Elas são queridas e fazem parte do enorme padrão impresso no cosmos. Esse padrão não é estático, mas muda o tempo todo. Vocês não vêem essas mudanças com nitidez, mas elas ocorrem o tempo todo. Galáxias inteiras se dissolvem e galáxias inteiras nascem. Tudo o que se dissolveu transforma-se em alguma outra coisa. O próprio planeta físico de vocês já fez parte de outros planetas, já foi parte do Sol, evoluiu e transmutou-se. A energia consciente do planeta agora está se alterando. Aqueles dentre vocês que são suficientemente sensíveis para compreender isso podem aprisionar a energia da Terra e perceber sua força profunda e retumbante. Ao sentir essa força, saibam que ela não é nada em comparação com a força que opera no cosmos de que vocês fazem parte. É fácil vocês se sentirem insignificantes; tudo o que se move tem energia. O movimento é uma força energética de expansão, e é por isso que o movimento de vocês — não como entidade física mas como verdades espirituais — é da máxima importância nesta ocasião, porque o movimento da consciência de vocês equivale à energia da maior das explosões.

Essa energia da consciência ascendente afeta os padrões de tudo o que vocês conhecem e também outras coisas mais. Agora, vocês compreendem o que temos em mente quando dizemos que o propósito de vocês é existir? Quando vocês compreenderem isso plenamente, como uma concretização, vocês se transformam como que numa enorme chama, e sua energia é tanta, que a chama está viva e, longe de ser uma chama destruidora, ela é uma chama construtora. Essa chama de construção da matéria criará uma nova consciência global, uma nova consciência no universo, um novo padrão, uma nova cor, uma nova forma — e uma nova experiência, de modo que todas as partes do cosmos beneficiam-se com essa exploração.

Agora, o que é que a sua escuridão tem que ver com tudo isso? O que é negatividade? O que é medo? A escuridão é apenas parte da experiência. Ela não é o mal; ela é a experiência daquela freqüência específica que foi escolhida por aqueles que a experimentam, independentemente da dor que ela possa causar. A dor é parte dessa escolha e, quando a experiência foi vivida, ela ecoa no cosmos — o medo de que as forças negativas predominem são infundados, e as forças negativas, como vocês as entendem, constituem uma minúscula parte do padrão, conferindo colorido ao todo. Aqueles que se acham presos no estado tridimensional não vão compreender isso, e verão apenas a dor, o sofrimento e o mal. No entanto, quando vocês começam a crescer, quando vocês começam a ter uma visão panorâmica das coisas, vocês também começam a considerar essa negatividade a partir de uma outra perspectiva. Não releve a negatividade, mas reconheça-a como a verdadeira experiência que ela é. E, então, em virtude desse conhecimento, vocês nunca mais terão de enfrentar a negatividade porque vocês a verão tal como é, e ela já não lhes causará nenhum medo.

Mesmo a escuridão que os agentes da cura algumas vezes vêem, a maléfica escuridão que permeia as pessoas como uma nuvem negra — mesmo essa vai ser eliminada quando o indivíduo e a força negativa compreenderem a experiência dessa época em particular, dessa dor em particular. Na verdade, o sofrimento, a dor e a escuridão só serão eliminados pelo movimento transcendental da própria pessoa.

Portanto, não se deixem abater pela angústia causada pelo sofrimento dos outros; em vez disso, mostrem a eles, através da vida de vocês, que a iluminação e a alegria são possíveis. Vocês vêem a escuridão como algo a ser ignorado, ou como algo a ser resolvido com a maior rapidez possível. A dor e o sofrimento têm sido necessários para a experiência humana. Nenhum outro lugar do cosmos tem a espécie de dor física pela qual passa o homem. Ela tem sido um fardo muito pesado, porém foi algo que vocês mesmos escolheram. Todos escolhemos. Às vezes, nas horas mais difíceis, as pessoas dizem que seu deus as abandonou. Todavia, elas são o deus, e não foram abandonadas.

A abertura do centro da coroa vai revelar novas estrelas, uma nova consciência, um novo crescimento; e o chakra da coroa, plenamente aberto para o estado superior de conhecimento intuitivo, está num lugar perfeito no ser humano.

Vocês agora poderão comunicar isso por meio do centro da garganta, não necessariamente por meio de palavras. Vocês poderão trazer a abertura da verdadeira luz e da iluminação para os estados de comunicação: a energia do amor, conforme ela se manifesta no coração; a energia do coração, quando vocês realmente se solidarizarem com os outros; a energia do poder, quando vocês se fortalecerem; e a energia da matéria física humana, quando vocês viverem a vida e o mundo com os inúmeros padrões, energias e forças que lhe são próprios.

Assim, com a percepção advinda da abertura do chakra da coroa, todo o ser de vocês, em todos os aspectos, irradiará luz em função do estado de iluminação amoroso, amplo e fluido. Vocês vêem o cosmos como uma miríade de modelos; vocês vêem o cosmos em cores vivas, algumas das quais você não reconhecem. Todas essas cores são uma faceta da luz, e a luz se torna manifesta, por meio do coração, no estado de ser de cada um de vocês. É por isso que o coração e o amor são uma energia tão prezada, não apenas neste planeta mas em todo o cosmos. Pois a força da luz une-se à matéria para criar o desejo do verdadeiro amor.

Não sejam complacentes e não se deixem levar pela mesquinhez de grupos e sociedades cujo único interesse é o bom desempenho, algo que tem lá o seu aspecto atrativo mas que, na verdade, só vai separá-los da totalidade do seu ser. Comuniquem-se com as pessoas, comuniquem-se com todas as coisas, não apenas com seus semelhantes, mas com todas as energias da Terra, acima, abaixo e no meio. Vocês podem comunicar-se com todas essas energias por meio do conhecimento, da receptividade e da percepção da força da luz que se manifesta dentro do coração de vocês. Isso é tudo.

Ao longo dos últimos anos, vocês viram muitas palavras escritas ou ouviram experiências canalizadas; todavia, essas canalizações começarão a ser muito menos freqüentes porque a necessidade do eco já não é tão grande. Quando aumentar a compreensão de vocês, algumas palavras canalizadas não serão proveitosas para vocês porque essa freqüência específica se revelará de uma maneira que vocês não serão capazes de reconhecer.

Notem que, prudentemente, evitamos dizer que alguma coisa está errada! Nada está errado, mas todas as coisas e todas as palavras faladas devem fazer ecoar no coração de vocês a voz do verdadeiro amor e admiração, e não ecoar na mente como um fragmento extraordinário de informação — isso não significaria nada. Qualquer um pode criar essas coisas. Mas as palavras devem repercutir no coração de vocês; caso contrário, elas não têm nenhum significado. Vocês precisam discernir quais dessas palavras servem verdadeiramente para vocês. Não se prendam a profecias canalizadas. Não pode haver predições exatas porque o padrão do cosmos é fluido. De que forma o tempo pode ser medido por uma consciência superior, quando a consciência superior conhece a irrelevância do tempo?

Quando vocês estão presos à vida de vocês, nas cores particulares dos padrões particulares da experiência pessoal, vocês percebem o tempo neste planeta como um estado contínuo absoluto: um dia de vinte e quatro horas, um minuto de sessenta segundos. Mas isso nunca foi assim. Vocês medem o tempo, mas isso não é uma realidade. Vocês sentiram que a passagem do tempo se acelerou porque estão começando a compreender, a perceber, que o tempo não existe. Vocês são seres atemporais porque este planeta está adquirindo uma nova forma, um novo padrão, uma nova cor e um novo som, e essa transformação está tornando mais lenta a trajetória do universo. Essa é a única maneira pela qual podemos explicar o "tempo" de vocês.

Cada pessoa sente o tempo de forma diferente, e se vocês fizerem dez pessoas sentar-se e concentrar-se durante um minuto, cada uma delas sentirá esse intervalo de tempo de uma maneira diferente. O homem se acha engenhoso na mensuração de coisas que não podem ser medidas, mas a mensuração do giro das rodas tem sido parte da experiência desejada que vocês chamam de karma. Ao experienciar o karma — que é dar e receber, causa e efeito — e ao viver uma realidade física, vocês vivem a dança do cosmos em todo o seu esplendor.

À medida que a percepção consciente do homem muda e, portanto, a ligação com o estado físico torna-se menos importante, a energia de cada pessoa é, digamos assim, estimulada por essa mudança, e esse estímulo cria movimento. É através desse movimento que a aceleração da experiência parece ocorrer. O tempo é um elemento fluido mas ele precisava ser percebido em seu estado humano — em seu estado kármico — para criar a experiência de que vocês necessitam. Todavia, vocês estão saindo dessa experiência e, portanto, o tempo muda e vocês sentem como se o tempo não existisse. Vocês têm a impressão de que o tempo lhes foge mas, se desviarem o pensamento para o cosmos, vocês verão que, nas engrenagens da minúscula região do cosmos em que vocês vivem, ele está adquirindo nova forma, novos padrões que, no entendimento de vocês, desacelera a passagem do tempo. Assim, a coisa mais simples a dizer talvez seja que, embora vocês sintam o tempo se acelerando, essa impressão é equivocada. Entretanto, vocês não precisam se preocupar com isso — vocês todos têm muito tempo!

Tentem assimilar todas essas informações sem fazer muitas perguntas, pois, quando não há nenhuma pergunta, há silêncio, e só quando vocês deixarem de fazer perguntas é que vocês realmente entenderão. O maior atributo do homem é a curiosidade. Essa curiosidade fez parte de sua experiência, e por meio da curiosidade ele teve uma miríade de experiências. É perfeitamente legítimo fazer perguntas, mas, quando vocês ascendem a um nível de entendimento que transcende a terceira dimensão, todas as perguntas se dissolvem em luz, porque a manifestação da luz, em seus inúmeros disfarces e padrões, é a verdade.

Há uma estrela acima de vocês agora. Vocês têm tratado essa estrela, conhecida como Sol, com carinho e adoração, e essa estrela-consciência abarca tudo o que vocês são porque, em certo sentido, ela é a guardiã da espécie humana. Ela alimentou vocês. Ela cuidou carinhosamente de vocês como se fossem seus próprios filhos. Essa estrela está se movendo, crescendo, irradiando luz a partir daquela grande compreensão que deriva, em parte, de vocês e de todos aqueles que estão sobre o planeta chamado Terra.

Esse Sol, essa estrela, está em constante comunicação com as outras estrelas e elas comunicam suas experiências. É impressionante que, com os ouvidos que vocês têm no estado tridimensional, vocês não pudessem ouvir o som dessa comunicação; mas alguns de vocês ouviram o eco disso e sentiram a admiração e a alegria de perceber que tudo e todas as coisas do universo se comunicam.

Enquanto vocês se preocupam com a minúscula porção do enorme cosmos em que se encontram, a perspectiva de vocês é limitada, e vocês vêem muito pouco. Mas quando vocês começam a se elevar, vocês podem falar com o Sol, fazer parte dessa estrela e, depois, vocês podem fazer parte da comunicação de todo o cosmos.

Compreendam a alegria da comunicação, a alegria da experiência, a alegria de estar onde quer que estejam. Qualquer que seja a opção de vocês, qualquer que seja a cor que vocês irradiem, vocês são uma alegria para o todo, para todos nós. Portanto, deleitem-se com vocês mesmos.

O VENTO DA MUDANÇA

Registro de Diálogos Espirituais

Canalizado por *Julie Soskin*

O Vento da Mudança é um livro extraordinário, amplamente aplaudido nos círculos da Nova Era como uma das mais importantes obras canalizadas que surgiram nestes últimos anos.

Julie Soskin é médium orientadora, professora e agente de cura espiritual. Durante suas sessões mediúnicas, disseram-lhe que lhe seria ditado um livro sobre a importante época de transição que o mundo agora está atravessando.
O Vento da Mudança é o resultado desse trabalho.

"*O Vento da Mudança* é um livro notável. Quando o li, nada mais fiz do que concordar com tudo o que ele diz... A obra mediúnica de Julie Soskin está preparando aqueles que optaram por ampliar sua consciência e divisar algo além do imediato. Estou certo de que ele ajudará muitíssimas pessoas nestes tempos de transição."
Eileen Caddy

"Este é um trabalho muito importante de canalização que resume o que é crucialmente necessário que se diga neste momento."
Sir George Trevelyan

EDITORA PENSAMENTO

A DANÇA CÓSMICA

Canalizado por *Julie Soskin*

"Comecem agora a se ver como seres de luz, pois esse é o
nosso destino, e é em luz que nos transformaremos."

A Dança Cósmica é a continuação que tanto esperávamos da obra
O Vento da Mudança, considerada como um dos mais importantes
trabalhos de canalização publicados nos últimos anos. Neste novo livro,
Julie Soskin lança nova luz sobre a natureza das energias planetárias
e pessoais, que se modifica rapidamente à medida que a
humanidade enfrenta os enormes desafios do Século XXI.

"Julie fez algo de extraordinário ao nos presentear com este livro.
Ele é como um toque de clarim que nos desperta para a atividade
espiritual à medida que nos aproximamos do novo milênio...
Convido você a ler esta obra o quanto antes."

Sir GeorgeTrevelyan

"Que este livro, *A Dança Cósmica*, possa se espalhar pelo mundo, levando
esperança e consolo para muitas pessoas. A humanidade precisa dele!"

Eileen Caddy

EDITORA PENSAMENTO

O CRESCIMENTO ATRAVÉS DA CRISE PESSOAL
Harmon Hartzell Bro e *June Avis Bro*

Este livro inspirador, que se baseia na filosofia, ensinamentos e visões de Edgar Cayce, é um guia que nos ajuda a transformar as épocas de crise, de conflito e de perturbação emocional em oportunidades de crescimento espiritual. Apresentando um programa prático para pessoas que desejam fazer das pedras de tropeço degraus de desenvolvimento, os autores oferecem a garantia de que cada uma das atribulações da vida pode vir a ser uma época de crescimento duradouro.

O Crescimento Através da Crise Pessoal nos mostra como viver excitantes aventuras a partir dos inevitáveis problemas que a vida nos traz. Com ele, os problemas humanos assumem uma nova dimensão, transformando-se em oportunidades divinas para que cresçamos e nos elevemos aos níveis de desenvolvimento material e espiritual que Deus espera de nós.

Para este livro, os autores, Harmon e June Bro, são excepcionalmente bem qualificados. Em primeiro lugar, ambos conheceram Edgar Cayce e trabalharam com ele os últimos anos de sua vida, tendo alcançado, por conseguinte, uma profunda compreensão de sua abordagem e de sua filosofia. Sua longa carreira de ministros, de conselheiros e de conferencistas dedicados a temas relacionados com o desenvolvimento espiritual não se interrompeu desde então.

* * *

COLEÇÃO "EDGAR CAYCE"
SONHOS – Respostas Desta Noite para as Dúvidas de Amanhã
Mark Thurston
O CRESCIMENTO ATRAVÉS DA CRISE PESSOAL
Harmon Hartzell Bro e *June Avis Bro*
REENCARNAÇÃO – Reivindicando o seu Passado, Criando o seu Futuro
Lynn Elwell Sparrow
DESPERTANDO SEUS PODERES PSÍQUICOS
Henry Reed

EDITORA PENSAMENTO

JESUS E ATUALIDADE

Divaldo P. Franco

Pelo Espírito de Joanna de Ângelis

Orador, médium e psicógrafo conhecido no Brasil e no exterior pela elegância e profundidade de sua mensagem e pela dedicação com que, nas instituições por ele fundadas, presta assistência a centenas de adultos e crianças de seu estado natal, a Bahia, Divaldo Pereira Franco complementa sua intensa atividade de conferencista com a publicação de livros cujas edições se esgotam, não só em português, como também nas várias línguas para as quais são traduzidos.

Como vários dos volumes de sua extensa obra escrita, este é ditado pelo espírito de Joanna de Ângelis e versa — como afirma o título — sobre a atualidade da palavra de Jesus, apresentada como solução única e eficaz para os problemas com que se defronta o homem moderno.

Para Divaldo Franco, Jesus é atual não só pelos ensinamentos que propõe como pela exteriorização de paz e de jovialidade que irradia. O Jesus que ele propõe como exemplo e solução não é o Cristo sofredor mas, segundo sua expressão, o Jesus "descrucificado", que ressurge para o homem moderno dando-lhe a certeza da possibilidade de atingir a realização total.

É dentro dessa visão que *Jesus e Atualidade* reproduz em suas páginas vinte situações contemporâneas, com ocorrências do cotidiano analisadas à luz das mensagens de Cristo, aqui apresentado como "companheiro e terapeuta" para uma humanidade em crise, necessitada de um "atendimento de emergência".

EDITORA PENSAMENTO

O DESPERTAR DA CONSCIÊNCIA MÍSTICA

Joel S. Goldsmith

Com freqüência, comenta o leitor que descobre os trabalhos de Joel Goldsmith: "Não é como ler um livro, mas como se o Autor estivesse ao nosso lado conversando conosco". No entanto, Goldsmith sempre esteve ao nosso lado, demasiadamente ocupado. Consumiu seu tempo atendendo aos chamados de cura que vinham à noite ou durante o dia, do mundo todo, e ensinando às pessoas que queriam aprender mais sobre a cura e o modo de alcançar a consciência mística. Em 1946, o Autor passou por uma iniciação nos mistérios ocultos da vida — profunda experiência espiritual que o elevou, do reino metafísico, à união mística da unidade consciente com a Fonte da vida. Com essa experiência veio a necessidade de ensinar àqueles que vinham até ele. Daí por diante, Goldsmith foi fortalecido pelo Espírito, que o instruía e conduzia ao trabalho de cada dia —, trabalho que incluiu o atendimento de grande volume de correspondência daqueles que descobriram a sua mensagem e que o procuravam. A mensagem desse Autor é sempre nova e pura; ela saiu diretamente da consciência e foi libertada de maneira natural, simples, direta e poderosa, com a autoridade de quem demonstrou por suas ações a verdade da mensagem que ensinava.

Joel Goldsmith achava-se qualificado para falar e escrever sobre a consciência mística. Seu conhecimento intelectual não resultou de leituras de filosofia especulativa sobre o significado da vida, mas unica e exclusivamente da experiência. Ele foi capaz de revestir sua mensagem de tal simplicidade que só poderia ter advindo da consciência perceptiva da unidade que não admite a dualidade. Para ele, a vida mística significava viver *no mundo,* mas não pertencer a ele, participar de muitas atividades da vida normal reservando-se, todavia, uma área da consciência para descobrir, para além dos limites do mundo objetivo, a realidade espiritual oculta. Ele viu, além do visível, a Origem invisível de toda vida e energia.

EDITORA PENSAMENTO

Outras obras de interesse:

O VERDADEIRO SUCESSO -
Uma Nova Compreensão de
Excelência e Eficácia
Tom Morris

EMERGÊNCIA ESPIRITUAL
Stanislav Grof e Christina Grof

A SABEDORIA NECESSÁRIA -
Como Enfrentar o Desafio de
uma Nova Maturidade Cultural
Charles M. Johnston

NOVAS TRADIÇÕES NOS
NEGÓCIOS
John Renesch (org.)

O REENCONTRO DA CRIANÇA
INTERIOR
Jeremiah Abrams (org.)

FAÇA O QUE DIZ... E Consiga
os Resultados que Você Quer
*Eric L. Harvey e Alexander D.
Lucia*

GERENCIAMENTO
ECOLÓGICO
Ernest Callenbach e outros

PARA ONDE CAMINHA O
LÍDER
*Walter de Sousa e Maria
R. S. Villares*

O NOVO PARADIGMA -
A Ciência à Procura da
Verdadeira Luz
Walter de Sousa

O HOMEM NA SUA
PLENITUDE - Como é Ser um
Homem nos Dias de Hoje
Sam Keen

O PARADOXO DO SUCESSO -
Um Livro de Renovação para
Líderes
John R. O'Neill

A ESTRATÉGIA DO
GOLFINHO
Dudley Lynch e Paul L. Kordis

Peça catálogo gratuito à
EDITORA PENSAMENTO
Rua Dr. Mário Vicente, 374 - Fone: 272-1399
04270-000 - São Paulo, SP